ERNEST QUENTIN-BAUCHART

MÉLANGES

BIBLIOGRAPHIQUES

(1895-1903)

PARIS
LIBRAIRIE HENRI LECLERC
219, RUE SAINT-HONORÉ, 219

1904

MÉLANGES BIBLIOGRAPHIQUES

DU MÊME AUTEUR :

Mes Livres (1864-1874), 1874, in-16. — Mes Livres (1864-1874), nouvelle édition, 1877, in-16. -- Mes Livres (1864-1881), troisième édition, 1881, petit in-8.

Bibliothèque de la reine Marie-Antoinette au château des Tuileries. Catalogue authentique publié d'après le manuscrit de la Bibliothèque Nationale, 1884, in-16.

Les Femmes Bibliophiles de France (XVIe XVIIe et XVIIIe siècles), 1886; 2 volumes gr. in-8 ornés de 25 reproductions de reliures et miniatures, et de 43 planches d'armoiries tirées en taille douce.

Une Page d'Histoire : Quentin-Bauchart (1809-1887), 1888 ; in-8, portrait gravé par E. Abot.

Le Livre d'Heures de Henri II. Imprimé pour la Société des Bibliophiles françois, 1890, in-8, orné de 2 eaux-fortes hors texte gravées par E. Abot.

La Bibliothèque de Fontainebleau et les livres des derniers Valois à la Bibliothèque Nationale (1515-1589), 1891 ; in-8 orné d'un portrait inédit de François 1er, de reproductions de miniatures, et de frises et culs de lampe dans le style de la Renaissance.

A Travers les Livres, Souvenirs d'outre-tombe, 1895, petit in-8.

ERNEST QUENTIN-BAUCHART

MÉLANGES BIBLIOGRAPHIQUES

(1895-1903)

PARIS
LIBRAIRIE HENRI LECLERC
219, RUE SAINT-HONORÉ, 219

1904

AVERTISSEMENT

Les différents articles qui composent ce recueil ont été publiés, pour la plupart, de 1895 à 1903, dans le Bulletin du Bibliophile *et la* Revue Biblio-Iconographique.

Ils ont obtenu à leur apparition un succès qui n'est pas éteint et nous avons pensé faire œuvre intéressante et utile, en les réunissant en un volume.

Nous espérons que cette réimpression à laquelle nous avons apporté tous nos soins, recevra du public d'élite auquel nous nous adressons, un favorable accueil.

H. L.

LE MIROIR D'ORIGNY

ET

L'ABBAYE ROYALE

D'ORIGNY-SAINTE-BENOITE

LE MIROIR D'ORIGNY

ET

L'ABBAYE ROYALE

D'ORIGNY-SAINTE-BENOITE

I

Le *Miroir d'Origny,* devenu si rare que le nombre des exemplaires connus se réduit à quatre ou cinq, est le récit de la vie, des miracles et de la mort de sainte Benoîte.

Il contient, en outre, l'histoire de l'abbaye qui fut fondée à la place même où la vierge fut martyrisée.

Écrit en 1658 par le révérend père Pierre, de Saint-Quentin, prédicateur capucin, d'après un manuscrit de Quentin de La Fons (1), il a été imprimé en 1660, à Saint-Quentin même,

(1) Bibliothèque de Saint-Quentin Ms. nº 75.

par les soins du libraire Claude Le Queux, avec approbation et privilège du Roi.

L'ouvrage, de format petit in-4, divisé en trois chapitres, subdivisés eux-mêmes en *Paragraphes* suivis de *Réflexions,* porte le titre suivant : *Le Miroir d'Origny dans lequel on voit la vie, la mort et les miracles de l'illustre Sainte Benoîte, Vierge et Martyre, comme ainsi : les rayons de ses grâces et vertus, rejaillissans sur les Dames Religieuses de sa Maison. Et en suite : l'origine, le progrez, les privilèges et divers accidens de l'Abbaye Royalle du dit Origny. Sur l'Histoire manuscrite de feu M. Quentin de la Fons, Bachelier en théologie, Chanoine de l'Église Royalle de Saint-Quentin et Curé de la Paroisse de Saint-André en la dite ville.*

Il est dédié à Marie-Catherine de Montluc (1), alors abbesse du monastère, et l'auteur, dans une épître préliminaire, détermine ainsi le but et la portée de son œuvre..... « Ce grand S. François, qui, pour tout bien, n'a laissé pour héritage à ses enfants que la sainte pauvreté jointe à la gratitude, faisoit tous les ans de sa vie, le présent d'un panier de poisson aux Religieux de S. Benoit du Mont-Cassin, pour redevance de la Sainte Chapelle de Notre-Dame des Anges qu'il avoit par grâce de ce S. monastère : faut-il donc pas, Madame, qu'à l'exemple de ce divin Père, quelqu'un de ses enfans (encore que le moindre de tous) vous présente quelque chose de son extrême pauvreté, pour un payement, certes trop bas et trop indigne de votre affection.

« C'est un *Miroir,* Madame. Que peut-on offrir de plus agréable à vos yeux ? Que peut-on donner de plus curieux à une grande abbesse, fille de S. B. (Sainte Benoîte), qu'une

(1) Fille de Jean-Alexandre de Montluc, Seigneur de Balagny, Maréchal de France et de Renée d'Amboise.

glace qui, tout d'un coup, lui montre la vie passée de sa sainte Mère, l'image présente de ses actions, et l'espérance future de ses enfants ? »

En tête du *Miroir,* un frontispice gravé signé N. Picart, représente Catherine de Montluc, à genoux devant un prie-Dieu. Derrière elle, sont groupées des religieuses dans une attitude recueillie. Le fond est occupé par le monastère, et, dans le ciel, sainte Benoîte, la palme du martyre à la main, semble étendre sur lui sa protection. Dans le haut de l'estampe figurent deux écussons : celui de gauche porte les armes de France, celui de droite les armes que l'abbaye reçut de saint Louis, quand il la visita, lors de son pèlerinage au tombeau de saint Quentin, en 1257 (1), et qui sont d'*azur aux fleurs de lis sans nombre.*

En face de la première partie, une autre gravure nous montre sainte Benoîte, en pied, couronnée par un ange qui lui dit : *Veni, sponsa Christi, veni de Libano coronaberis.* Benoîte lui répond : *Dilectus meus mihi et ego illi* (cant.) ; au second plan, la sainte à genoux a la tête tranchée ; au troisième, un ange emporte l'âme de sainte Benoîte au ciel (2).

Enfin, dans un dernier frontispice, en tête de la 3e partie, la

(1) Saint Louis vint, en effet, à différentes reprises, vénérer le tombeau du martyr. Chaque fois il enrichit la basilique, en grande partie édifiée par lui, de reliques précieuses, entre autres d'un morceau de la vraie croix, encore conservé aujourd'hui dans le trésor de l'église.

Lors de son pèlerinage de 1257, le chœur et le sanctuaire de la basilique actuelle étant achevés, il alla prendre, ainsi que ses fils, sur ses royales épaules, les reliques de saint Quentin, pour les transporter, de l'ancienne église, dans le sanctuaire de la nouvelle, au centre d'un édicule élevé derrière le maître-autel.

(2) Cette gravure est la reproduction d'un tableau qui existe encore dans l'église paroissiale d'Origny.

Foi soutenant un calice de la main droite, et la Charité s'appuyant sur la crosse abbatiale, se tiennent de chaque côté des armes de Montluc (1).

Dans la première partie de son livre, le révérend père Pierre raconte que sous le règne de Julien l'Apostat, Benoîte, fille d'un sénateur romain et parente du martyr Quentin qui, cinquante ans auparavant, avait scellé de son sang sa foi en Jésus-Christ, résolut de se rendre, à son tour, dans les Gaules, pour y porter le flambeau sacré de la religion chrétienne. Elle partit, dit le *Miroir,* « sans autre guide que de la Grâce, sans autre force que de la Foy, sans autre secours que du Ciel... »

« Le Soleil sortant de son Orient pour visiter notre hémisphère de ses rayons, ne marche dans son Zodiaque qu'en la compagnie de divers signes, qui sont douze étoiles ou constellations avec lesquelles il verse et tempère ses favorables influences dessus la terre. Rome, selon notre aspect, est un Orient de grâce pour les hommes ; c'est de cette ville que sort Sainte Benoîte, comme un vivant soleil, pour porter la lumière de la foy et l'ardeur de la charité chrétienne dans la nuit de ce monde. Elle marche accompagnée de douze honnestes filles que l'inspiration de Dieu avoit associées à son dessein, comme autant d'étoiles animées des feux du Saint-Esprit pour le salut des hommes. »

C'est sur ce mode lyrique que le révérend père poursuit son récit. Benoîte, suivie de ses compagnes, prend le chemin des Alpes, passe à Lyon, vient à Soissons, à Laon et enfin à Saint-

(1) Écartelé au 1er et 4e, *contrécartelé d'azur au loup d'or,* qui sont les armes de *Sienne,* et *d'or à un tourteau en cœur de gueules,* qui sont les armes de la maison de Montluc ; aux 2e et 3e : *pallé d'or et de gueules de six pièces* (armes de sa mère, Renée d'Amboise, première femme de Montluc), et, sur le tout : *d'or à trois lions d'azur.*

Quentin *(Augusta Veromanduorum)*, où elle s'arrête pour « supplier Jésus-Christ de l'associer à la gloire de celui qui, le premier, arrosa de son sang cette terre païenne ».

A cette invocation, un ange paraît, apportant les volontés de Dieu. Les vierges se séparent, chacune prenant le chemin que l'ange lui a assigné « pour aller faire le sacrifice de leur corps au salut des âmes ».

Benoîte accompagnée de Romaine et de Camione, de Léobérie et de Iolaine, se dirige sur Origny *(Auriniacum)*, station romaine établie sur les bords de l'Oise, pour en défendre le passage. Elle appelle les populations au son d'une clochette, et les instruit des vérités de la religion chrétienne.

Romaine prend la route de Laon et va, de là, à Beauvais, où l'attend le martyre. Camione est arrêtée et mise à mort à quelque distance de Saint-Quentin, entre les villages de Harly et de Mesnil-Saint-Laurent, où sa mémoire est encore vénérée ; Léobérie succombe à la fatigue (1) ; mais Benoîte continue son apostolat, « disputant contre les infidèles, réfutant leurs erreurs, enseignant les ignorants, fortifiant les débiles en la foy, consolant les affligés et convertissant des milliers de personnes ».

Le bruit de ces prodiges étant parvenu aux oreilles de Matrocle, le juge de la province, « juif de nation », celui-ci se transporte à Origny et fait comparaitre la vierge devant lui. Frappé de sa beauté, il cherche d'abord à la gagner à ses plaisirs ; mais devant le refus indigné de la jeune fille, il change d'attitude, soudoie de faux témoins, la fait accuser de magie et de sortilège et la condamne à être battue de verges.

Benoîte, dépouillée de ses vêtements, est étendue sur un

(1) D'après De la Fons, une chapelle aurait été bâtie en l'honneur de sainte Léobérie, au lieu même où sainte Benoîte fut décapitée.

chevalet et si cruellement flagellée que « la chair de ses membres tombe par lambeaux et que ses entrailles paraissent à découvert par l'ouverture des plaies ». Elle est jetée en prison presque mourante ; mais un ange la guérit de ses blessures, brise ses chaînes et la délivre. La sainte sort de son cachot plus forte et plus résolue. On accourt, on crie au miracle ! Benoîte continue à prêcher, et Matrocle, ivre de fureur, saisit la hache d'un licteur et lui tranche la tête de ses propres mains.

Le *Miroir* donne la date exacte de ce martyre. Il eut lieu le 8 octobre 362, un mois juste après l'arrivée de Benoîte à Origny.

Iolaine qui évangélisait, non loin de là, dans un lieu connu sous le nom de Pleineselve *(Plena sylva)*, subit le même sort, mais avec un raffinement de cruauté, si l'on s'en rapporte à la prière suivante que nous a conservée la tradition : « Sainte Iolaine, vierge martyre, qui n'avez jamais porté vos regards sur les folies et les vanités de ce monde, grande Sainte qui, avant d'être flagellée, torturée et brûlée vive, *avez eu deux doigts coupés*, priez pour nous ! »

Les fidèles ayant élevé un oratoire à la place où elle avait été ensevelie, les pèlerins s'y rendirent de toute part et, de ce concours de peuple, se forma insensiblement le village de Pleineselve. Avant la Révolution, on voyait encore dans le bois, près du château, aujourd'hui détruit, l'ermitage et la chapelle élevés en l'honneur de Iolaine (1).

(1) Dans de récents travaux entrepris dans l'église de Pleineselve qui date du XIVe siècle et dont certaines parties, notamment les voûtes en ogives avec écussons, sont d'une exécution remarquable, on a retrouvé, sous des badigeons successifs, des peintures murales représentant diverses scènes du martyre de sainte Iolaine. Ces peintures dont il est difficile de déterminer la date, mais qui semblent se rattacher plutôt par l'ensemble de la composition aux traditions et aux principes de l'art gothique qu'aux règles accréditées par la Renaissance, paraissent avoir été divisées en cinq ou six compartiments ou

Le corps de Benoîte, abandonné par son bourreau, avec la hache qui l'avait mutilé, fut recueilli et enseveli par quelques fidèles, à la faveur de la nuit, non loin de l'endroit où la sainte avait été immolée (1). « Ils avaient eu soin, dit le *Miroir*, d'enfermer ses restes dans un cercueil de bois de chêne qui contenait aussi la hachette encore sanglante, instrument de son supplice; près de sa main droite reposait la modeste clochette

tableaux distincts, séparés par des montants simulés qui leur servaient de cadres. Le premier, à peu près détruit, laisse supposer, par certains détails, qu'il figurait la mutilation des doigts : dans le 2e, deux bourreaux, l'un armé de verges, l'autre d'un fouet, frappent la sainte ; au fond, on aperçoit, à gauche, le juge assis, à droite, un cachot ; le 3e nous montre la sainte soulevée sur un gibet, par les cheveux auxquels est attachée une corde tirée par deux bourreaux, le juge est à gauche ; dans le 4e, la sainte, étendue sur deux pierres équarries, est lapidée par les bourreaux ; le 5e et dernier tableau nous fait assister au supplice du feu. Sainte Iolaine est à genoux sur une roue placée horizontalement sur un poteau ; au pied du poteau, on aperçoit des flammes. Un des bourreaux, une hache à la main, se tient près du feu, l'autre bourreau a un genou en terre ; le juge est debout et tient de la main gauche une sorte de sceptre. Au bas de ce tableau, se trouve une inscription peinte en gothique carrée de deux lignes, que la vétusté a rendue illisible.

Ces peintures qui tombaient en poussière et dont il n'a pas été possible d'assurer la conservation, ont été décrites avec beaucoup de soin et d'exactitude par M. Rabelle, de Ribemont.

Les couleurs qui, d'après lui, ont dû être employées, sont : le bleu d'outremer, plus spécialement affecté au vêtement de la martyre, le vert entrant en partie dans le costume polychrome des bourreaux ; terre d'ombre qui caractérise la robe du juge ; ocres jaune foncé et jaune pâle pour les teintes secondaires.

Une chapelle, élevée sur le tombeau de la martyre, est encore aujourd'hui le but d'un pélerinage qui a lieu, tous les ans, le lundi de la Pentecôte.

L'eau d'une source voisine aurait, dit-on, le privilège de rendre la santé aux enfants débiles.

(1) Le manuscrit du Trésor d'Origny, qui remonte au XIIIe siècle et que nous décrivons plus loin, dit « que Madame Saincte Benoite fut décolée en la Capelle-au-Mont, et apres son corps enterré au Moustier-au-Mont, là où il y avoit nule église ».

qui appelait les fidèles aux saintes réunions, et, sur son cœur, un papyrus mentionnant le nom, les actes et la mort de la vierge-apôtre, devait faire connaître à la postérité le trésor qui lui était réservé. »

Ce lieu demeura inconnu pendant tout le temps que durèrent les persécutions dirigées contre l'Église ; mais ces reliques devaient être miraculeusement retrouvées 300 ans plus tard, c'est-à-dire le 26 mai 674. « C'est, dit encore le *Miroir*, à un pauvre aveugle de Paris, à qui la révélation fait entendre dans son sommeil, que pour trouver la lumière de ses yeux, il faut qu'il se lève du lit, qu'il marche et chemine toujours où il sentira sa conduitte, tant que son bâton s'attache à la terre et demeure immobile : et qu'au lieu où il sentira résistance, qu'il fasse ouvrir profondément la terre, jusqu'à tant qu'on trouve dans un cercueil le riche trésor d'une Sainte Vierge qui doit luy rendre les yeux et la santé. Aussitôt dit, aussitôt fait ; l'aveugle recommande à Dieu son entreprise, et sans délay il commence et poursuit son voïage ; il fait trente lieues sans peine, à la faveur de la grâce de Dieu : le voilà qui passe à Origny ; aux extrémités de la ville, le bâton qu'il avoit dans la main, touche la terre et semble prendre racine ; il s'efforce de le lever, mais comme il sent une forte résistance, holà, dit-il, c'est icy qu'il faut s'arrêter et creuser dans la terre, pour trouver en ce lieu le remède salutaire à mon aveuglement.

« Comme il se repose, se consolant avec Dieu dans sa bonne espérance, voilà divers Évêques qui paroissent au dessus d'Origny, sur une petite colline qu'on appelle aujourd'huy le mont du Til, à cause des tilleux (tilleuls) qu'on y a plantés en mémoire de cette merveille. Sur la teste de ces hommes inconnus, une colombe blanche comme la neige, ayant voltigé quelque temps en couronne, prenant doucement son vol du côté de l'aveugle, les attire, et eux suivent sa route. A leur arrivée, ils trouvent cet homme qui, dans une joye extatique, leur communique sa révélation de Dieu, le dessein de son voyage, son impossibilité de passer outre, et tout plein d'une ardente foy, les supplie de faire creuser la terre, pour trouver en ce champ le S. trésor qu'on lui avoit promis.

... « Ces hommes angéliques, ou ces anges humains, sans beaucoup de travail, découvrent heureusement, aussitôt, dans un coffre de bois le corps et la teste d'une vierge martyre qui, par un petit billet qu'elle tenoit en sa main, fit reconnaître qu'elle étoit l'illustre S. B. En cet instant, la colombe s'envolant en haut à tire d'ailes, elle ne parut plus, et le pauvre aveugle ouvrant les yeux, receut la veue, et le miracle fut manifeste à tout le monde. La lecture de cet écrit qui publioit avec le nom de notre Sainte, sa naissance, sa vie, son voyage, son dessein et sa mort, accrut tellement la dévotion des Évêques qu'ils transportèrent ses précieuses reliques dans le monastère d'Origny, appelé pour lors l'église de Saint-Pierre, come dans un saint lieu, que la providence de Dieu avoit éternellement destiné pour être le dépositaire de ce précieux trésor.

« Ce récit (1) est tiré de l'ancien manuscrit en parchemin qui paroit avoir été tracé l'an 1315 (2). Quoyque je ne le donne

(1) Tous les historiens qui se sont occupés d'étudier les faits rélatifs au martyre de sainte Benoîte, Tillemont, dans son *Histoire ecclésiastique* (tome IV, page 540), Colliette, dans ses *Mémoires du Vermandois* (tome I, page 111), le *Miroir d'Origny* (page 100), sont unanimes pour reconnaître, conformément à ce récit, que le lieu où fut retrouvé le tombeau de la sainte est l'emplacement occupé jusqu'en 1863 par l'église paroissiale du Mont-d'Origny, commune aujourd'hui séparée, mais qui ne faisait, alors, avec Origny, qu'une seule agglomération d'habitants.

(2) Bibliothèque de Saint-Quentin, *Le Liure de la Trésorerye d'Origny*, f° CXIX.

pas comme une chose de foy, ajoute prudemment l'auteur du *Miroir*, il y auroit toutefois quelque chose qui choqueroit un peu la vraye piété, ou la docilité d'une âme chrestienne, de vouloir contredire avec passion à un si ancien titre, authorisé par la tradition ».

Ce fut donc le 26 mai 674, le mercredi d'après la Pentecôte, que fut découvert le corps de la sainte. Ses reliques attirèrent bientôt un grand concours de fidèles, et il se forma, pour les garder, une communauté de moines blancs qui ne tardèrent pas à se séculariser et à s'établir en chapitre.

Auprès d'eux, s'établit aussi une petite communauté de filles dévouées à Dieu, qui, après avoir été sous leur suggestion, finirent insensiblement par les mettre sous leur dépendance. Ces religieuses, qui avaient embrassé la règle de saint Benoît, surent s'attirer par leur piété et leurs vertus, la bienveillance de Charlemagne qui leur donna, dit le capucin Pierre, « une croix à bandes ou lames d'or toute remplie de saintes reliques et de pierres précieuses, surtout d'une grosse améthyste, avec sa face en bosse et ces mots : *Envoyé à l'abbesse d'Origny, pour présenter à Sainte Benoîte* (1). »

Après la mort de Charlemagne, le monastère est détruit par les Normands, mais pour être reconstruit plus magnifiquement par Hermantrude, première femme de Charles-le-Chauve. Cette princesse doit donc être considérée comme la véritable fondatrice de la célèbre abbaye des religieuses bénédictines d'Origny « qui lui doit ses plus grandes richesses et ses plus beaux appanages et privilèges. Aussi est-ce de là, outre plusieurs autres raisons, que S. B. d'Origny se peut vanter entre toutes les

(1) Le R. P. Pierre prétend avoir vu et touché cette croix (*Miroir d'Origny*), page 286.

abbayes de France, d'estre l'une des plus anciennes et des plus certaines de fondation royalle ».

Un manuscrit de la liasse d'Origny-Sainte-Benoîte qui se trouve aux archives de l'Aisne, mentionne que l'église bâtie par la reine Hermantrude, fut consacrée solennellement le 26 mai 876, par Hénédulphe, 29e évêque de Laon, et que les reliques de sainte Benoîte, placées dans une châsse neuve, furent transférées de la chapelle de Mont-d'Origny, où elles étaient restées jusqu'alors, dans la nouvelle église de l'abbaye qui porta d'abord le titre de Saint-Pierre, échangé depuis et remplacé par le nom de Sainte-Benoîte.

Cette translation, faite en grande pompe, fut l'origine de la procession qui avait lieu, tous les ans, le mercredi de la Pentecôte, et qui, depuis la Révolution, a été remise au dimanche de la Trinité (1).

L'abbaye d'Origny prend dès lors une grande importance, tant il est vrai que l'apostolat posthume que les saints exercent, est encore plus puissant et plus fécond que n'ont été fécondes et puissantes les œuvres de leur vie. Les pélerins y affluent des contrées les plus éloignées. Les rois, les princes, les grands seigneurs, les gentilshommes voisins y répandent leurs bienfaits et viennent y faire de longues stations. « Pour marque que nos Roys et Reines se plaisoient en ce lieu, comme en une maison de leur appartenance, soit par devotion, soit pour leur divertissement, dit le *Miroir*, on y a veu un corps de logis avec son département, qu'on appeloit la chambre du Roy ; et comme si leur arrivée y eut esté assez fréquente, il s'est trouvé un ordre dans l'abbaye qui obligeoit toutes les dames religieuses à sortir pour devancer leurs Majestés aux cérémonies ».

(1) *Essai historique sur la ville de Ribemont et son canton*, par Ch. Gomart, pp. 324 et 325.

Les visiteurs de haut rang, en se recommandant aux prières des religieuses, avaient l'habitude d'incrire leurs noms sur l'obituaire de la maison. Saint Louis y a laissé le sien, Philippe-le-Hardi, son fils, imita son exemple et, avec lui, les comtes de Vermandois, les seigneurs de Ribemont, de Moy, de Coucy, du Quessy, de Pierrepont, les évêques et chanoines de Laon, etc.

Il y avait, à côté du couvent d'Origny, une collégiale de chanoines, dite de *Saint-Waast*. Ce collège venait-il originairement de ces premiers religieux ou moines blancs que nous avons dit avoir cédé le monastère aux religieuses de Sainte-Benoîte ? Venait-il de quelque fondation royale ? Datait-il, au contraire, de la fondation et de l'institution des abbesses de Sainte-Benoîte, ? La question n'a pas été résolue ; mais ce qu'il y a de certain, c'est que le chapître, quelle que soit son origine ou son antiquité, a toujours été soumis à l'abbesse d'Origny et que celle-ci n'a jamais cessé d'être la collatrice absolue de ses bénéfices.

Cette collégiale de chanoines comprenait quatre prébendes presbytérales, quatre diaconales et quatre subdiaconales, qui représentaient douze canonicats, réduits à neuf, en 1446, à la prière des religieuses qui demandèrent au Pape Eugène IV de supprimer un certain nombre de prébendes, vu les malheurs du temps. Ces chanoines étaient entretenus aux frais de l'abbaye ; ils avaient la charge de célébrer tous les jours les messes basses et hautes ainsi que les autres offices canoniaux dans l'église des dames de l'abbaye, d'y administrer les sacrements et d'y fournir tous les secours spirituels que l'abbesse et les religieuses étaient dans le cas d'exiger d'eux. Leurs nominations étaient à la disposition de l'abbesse qui portait le titre de *Doyenne* et *Prélate* du chapître Saint-Waast d'Origny.

Les chanoines avaient aussi leur église. (C'est la seule qui reste aujourd'hui à Origny.) Elle touchait à celle de l'abbaye ; mais ils n'avaient droit que d'y célébrer les offices privés, les hautes messes solennelles avec diacre et sous-diacre étant exclusivement réservées pour l'abbaye. En cas de négligence dans l'observation de leurs fonctions, ils étaient frappés d'une amende de 60 sols contre le Prêtre, 30 sols contre le Diacre et 15 sols contre le Sous-Diacre (1).

Le curé de l'église du Mont-d'Origny était aussi à la nomination de l'abbesse. Il portait le titre de son chapelain et recevait une dotation en argent et en vin pour indemnité et honoraires de ses fonctions qui consistaient à administrer les derniers sacrements aux religieuses et à célébrer tous les jours une messe basse devant l'abbesse.

II

Les premières abbesses du monastère d'Origny ne sont connues que par l'obituaire de l'abbaye qui les mentionne au jour de leur décès, et par leurs prénoms seulement. En voici la liste en latin et en français, telle que nous le donne le *Miroir* :

8. *Ianuariy obiit D. Sinichildis.*	SÉNÉCHILDE.
9. *Ian. obiit Adelidis.*	ADELYDE.
3. *May obiit Hermantrudis.*	HERMANTRUDE.
9. *Feb. obiit Emmelina.*	EMMELINE.
6. *May obiit Frigallis.*	FRIGALLE.
20. *April obiit Leogardia.*	LÉOGARDIE.
1. *May obiit Didella.*	DIDELLE.
10. *May obiit Alidia.*	ALIDIE.
14. *May obiit Imma.*	IMME.

(1) *Dissertation sur la fondation de la collégiale de Saint-Waast,* par Deslandes, Saint-Quentin. 1722.

15. *Iunij obiit Hermantrudis.*	HERMANTRUDE.
17. *Iunij obiit Margareta.*	MARGUERITE.
15. *Aug. obiit Petronilla.*	PÉTRONILLE.
1. *Sept. obiit Alixia.*	ALIX.
26. *April obiit Emmelina.*	EMMELINE.
4. *Sept. obiit Margareta.*	MARGUERITE DU MESNIL.
24. *Sept. obiit Bertha.*	BERTHE.
27. *Nov. obiit Ada.*	ADE DE HONCOURT.
1. *Dec. obiit Gentianna.*	GENTIANNE.
3. *Dec. obiit Sophia.*	SOPHIE.
20. *Dec. obiit Margareta.*	MARGUERITE.

Sénéchilde serait donc la première abbesse d'Origny ; mais qu'elle était cette Sénéchilde dont le nom, en dehors de l'obituaire, n'est relevé nulle part ? Le capucin Pierre n'insiste pas, et sans s'arrêter à arracher les voiles qui, pendant plus de cinq cents ans, entourent l'histoire des premières supérieures de l'abbaye, il signale comme ayant vécu en 854, c'est-à-dire au moment où la reine Hermantrude fondait réellement le monastère, M. RICOÜARE ou Ricoüara, contre laquelle, au dire de Flodoart (1), des plaintes se seraient élevées, en raison de son extrême sévérité, et plus tard, en 878, M. MARCÈNE ou MARSENDE qui fut brulée, avec ses nonnes, dans l'incendie de l'abbaye en 940, sous les yeux de son fils Bernier, seigneur de Ribemont, qu'elle avait eu, avant d'entrer en religion, d'Herbert, comte de Saint-Queutin et de Péronne.

« Un Geste ou poème en langue romane, *Li Romans de Raoul de Cambray*, attribué à *Bertholais*, de Laon, témoin oculaire de la guerre survenue entre le comte Raoul de Cambrai et les fils d'Herbert, nous donne quelques détails sur l'abbesse Marcène et sa fin tragique; il en indique la date précise en l'année 948 et

(1) *Histoire de l'église de Reims*, page 392.

nous apprend que Marcène fut la fille d'un chevalier qui commandait à toute la Bavière.

« Voici, d'après ce manuscrit (publié par Leglay, chez Techener, en 1840), l'exposé succinct de la guerre qui occasionna, en 968, le désastre de l'abbaye d'Origny-Sainte-Benoîte : vers l'an 939, le roi de France Louis IV, dit d'Outre-Mer, avait promis à Raoul de Cambray, entre autres fiefs, celui de Vermandois, appartenant à Herbert, aussitôt la mort de ce dernier, afin d'indemniser Raoul de la privation de jouissance du fief de Cambrésis que le roi avait accordée à Gibouin, son oncle, jusqu'à ce que Raoul fût en état de porter les armes. Les années s'écoulent; Herbert est mort (an 943), et Raoul a dix-sept ans. Craignant de voir le fief de Vermandois lui échapper, en présence des réclamations des enfants d'Herbert, Raoul a résolu de s'emparer à main armée de leurs possessions et de commencer la guerre par le sac et l'incendie de la riche abbaye d'Origny.

« ...... Au printemps de l'année 948, il arrive soudain avec quatre mille hommes et campe la nuit, près des bois voisins d'Origny :

« *Sous Origny ot un bruel (bois) bel et gent,*
« *Là se logèrent li chevalier vaillant ;*
« *Des qu'al demain à l'aube aparissant,*
« *Raoul i vint en droit prime sonnant.* »

« ...... A cette nouvelle, les religieuses épouvantées sortent de leur monastère et, leurs psaultiers à la main, elles vont, en priant Dieu, implorer la clémence du terrible envahisseur. A leur tête, marche l'abbesse Marcène, la mère de Bernier, écuyer dévoué de Raoul. Elle supplie le comte de Cambrai d'épargner l'abbaye. Raoul se laisse fléchir et se dispose à s'éloigner avec sa petite armée. De son côté, Bernier s'approche de sa mère et cherche à se justifier d'avoir pris les armes contre le fief de son père naturel ; il explique qu'il a dû suivre son seigneur. Marcène admet sa justification et dit à Bernier : « Tu as raison, sers bien ton seigneur et tu mériteras devant Dieu. »

Cependant trois soudards de l'armée de Raoul ont quitté le camps et pillent le pays. Dix paysans, armés de leviers, courent sus aux maraudeurs et en ont bientôt assommé deux. Le troisième s'enfuit à toute bride et va raconter la mort de ses deux compagnons.

« A ce récit, Raoul entre en fureur et ordonne à l'instant le sac d'Origny. Bientôt l'incendie dévore toutes les maisons ; les religieuses de l'abbaye se sont réfugiées dans leur église ; mais la flamme les enveloppe et les cent religieuses se consument en poussant des cris de désespoir. Avec elles expire Marcène. Témoin de cette catastrophe, Bernier en devient presque fou de douleur. Il court droit à l'église ; mais la chaleur est telle qu'on ne peut approcher qu'à une longue portée de flèche. Alors Bernier s'arrête derrière un tombeau de marbre et regardant les débris fumants, il voit sa mère étendue au milieu de l'église, son psaultier brûlant encore sur sa poitrine :

« *De tant con puet un hom d'un dart lancier,*
« *Ne pust nus hom ver le feu approchier.*
« *Bernier esgarde dalez un marbre chier ;*
« *Là vit sa mère estendue couchier,*
« *Sa tenre face estendue couchier,*
« *Sor sa poitrine vit ardoir son sautier,*
« *Lor dist li enfès : « Molt grand folie quier,*
« *Jamais secors ne li ara mestier.*

« *Ha ! douce mère, vos me haiistes ier*
« *En moi avez mout malvais iretier,*
« *Je ne vos puis secore ne aidier.*
« *Dex ait vostre asme qui le mont (monde) doit jugier.* » (1)

Les abbesses qui succédèrent à Marcène durent employer toutes leurs ressources à relever les ruines de l'abbaye ; mais, là encore, nous restons dans l'obscurité.

Deux siècles s'écoulent sans que nous puissions nous arrêter sur un nom avec quelque certitude ; enfin, en 1219, nous rencontrons EUSTACHE, surnommée la *Gentille,* fille de Beaudouin, chevalier, qui, après de nombreuses difficultés avec sa communauté, se défit de sa charge en 1224, en faveur d'EMMELINE DE MAUNY, sœur d'Anselme, évêque de Laon, pour aller mourir religieuse de Rougemont, dans le diocèse de Langres.

Les reliques de sainte Benoite étaient restées, depuis 876, dans la châsse où elles avaient été placées par M. Ricoüare qui en avait opéré la translation dans l'église de Saint-Pierre, avec l'assentiment d'Arnoult, son évêque, quand, en 1231, le bruit s'étant répandu qu'elles avaient été volées, l'abbesse Emmeline de Mauny demanda à son frère Anselme d'ouvrir l'ancienne châsse, qui était en bois, et de l'autoriser à en faire exécuter une nouvelle beaucoup plus riche. Elle commença par livrer ses bagues, ses bijoux, sa vaisselle précieuse, pour en composer un riche reliquaire qui reçut le chef de la martyre, et, quelques années plus tard, en 1246, « Mme Liégarde de Douai, trésorière de l'abbaye, ayant fait des quêtes en plusieurs villes et amassé une somme assez considérable, une seconde châsse d'argent reçut

(1) Voir l'excellent ouvrage de M. J. Poissonnier, sur l'*Abbaye royale d'Origny-Sainte-Benoîte* (Saint-Quentin, 1888), pages 22 et suiv.

le reste de ces vénérées reliques ». Le *Miroir* nous en a conservé le dessin et la décrit dans les termes suivants : « Ses proportions sont de quatre pieds de Roy (1^{m} 40), qu'elle a de longueur, deux (0^{m} 66) de largeur et deux et demy (0^{m} 80) de hauteur; sa matière est toute d'argent doré avec des fines pierreries (1) ; les images en bosse de la Vierge et S. B., d'un pied et demy de hauteur aux frontispices, celles des douze apôtres aux deux côtés, chacune séparée en des niches par trois colonnes différentes, le martyre de la Sainte en demie bosse au-dessus de la couverture et mille ornements précieux que l'art et le travail d'un an tout entier a peu faire inventer et adjouter par un excellent maître, accompagné de deux autres ouvriers. »

A Emmeline de Mauny succédèrent Isabelle de Thorotte, sœur de Robert de Thorotte, évêque de Laon (1224) et tante d'Isabelle d'Acy qui fut élue abbesse après elle, le vendredi de la Passion (1286), et vécut jusqu'en 1324.

C'est sous l'inspiration de cette dernière, que fut écrit, dans le cours de l'année 1286, par Helius de Conflans, chanoine de Saint-Waast, le *Livre de la Trésorerye de l'Abbaye d'Origny-Ste-Benoîte* (2), livre précieux par les détails historiques qu'il contient, les conseils qu'il renferme en langue vulgaire et, surtout, par les données intéressantes qu'il fournit sur l'art dramatique et la musique au XIIIe siècle.

Le *Livre de la Trésorerye de l'Abbaye d'Origny* « contenant les

(1) Voici le dénombrement de ces pierreries, d'après un état conservé dans les Archives de l'Aisne : huit pierres améthistes, huit émeraudes, un rubis, une topaze, quatre-vingt-six grenats entiers, cinquante-six cornalines gravées, trente-six agathes, quatre-vingt-huit saphirs, vingt-cinq pierres mêlées, quarante-cinq perles fines, dix-neuf pierres communes, une pierre de jaspe sanguine où est une figure gravée en relief, un petit soleil d'or et plusieurs chatons en or et argent doré, un paquet de pierres fausses.

(2) Bibliothèque de Saint-Quentin, Ms. n° 75.

dignités et sanctuaires estant en icelle, les bénéfices estans à la colation de l'abbesse; l'ordinaire du service divin et les subjections que doibvent les chanoines de Saint-Waast du dit Origny à l'église de la dite abbaye », est un manuscrit sur vélin de 856 pages et de format pet. in-4. On peut le considérer comme un véritable manuel dans lequel on enseigne à une personne en religion ce qu'elle doit dire et faire dans tous les instants et toutes les circonstances de la vie. Ces instructions sont mêlées de récits et de pensées d'auteurs sacrés et profanes.

On y trouve une pièce de vers, des conseils en forme de lettre, adressés à une sœur qui a quitté son pays pour se convertir; les règles de la maison, le cérémonial en usage à l'abbaye, au moment d'une prise de voile et quand une religieuse ou novice faisait profession; la cérémonie du lavement des pieds par l'abbesse (fol. 308 et 309); un sermon sur la communion, par Guiard, évêque de Cambrai (1), les dits de saint Augustin pour exciter les *durs cœurs* à componctions, une complainte notée que chantaient les trois Maries au sépulcre (page 611), la vie de sainte Benoîte en rimes latines (page 76), la passion de sainte Benoîte (page 117), et le catalogue des reliques que renfermait l'abbaye (page 234).

Il y a là, du reste, des écritures d'époques différentes; des parties ont été évidemment ajoutées au corps de l'ouvrage, comme le prouve l'office de saint Augustin, porté en double aux pages 606 et 809.

La complainte des Maries ou plutôt le *Mystère des trois Maries*, composé de plusieurs personnages et d'un chœur pour chanter les répons, est écrit tantôt en latin, tantôt en français. Sous le texte se trouve le chant figuré, soit avec des neumes, soit avec le plain-chant.

(1) Mort en 1247.

Il était représenté par les religieuses tous les ans, le jour de Pâques, dans l'église du monastère.

Après Isabelle d'Acy, nous voyons apparaître Jeanne d'Offémont, fille de la comtesse d'Offémont, qui eut à supporter le poids des guerres allumées par la rivalité d'Édouard, roi d'Angleterre, et de Philippe de Valois, roi de France.

« Messire Jean de Hainaut, raconte Froissart, à propos de l'invasion de 1339, le sire de Fauquemont, et messire Arnold de Blakehen, chevauchaient un autre chemin et vinrent à Origny-Sainte-Benoîte, une ville assez bonne, mais elle estoit faiblement fermée. Si fust tantôt prise par assaut, pillée et robée, et une bonne abbaye de dames qui là estoit et est encore, violée, dont ce fut pitié et dommage et la ville toute arse (1)... »

Jeanne de Honcourt la suivit et laissa l'abbaye à Ade, sa nièce, qui fut élue en 1346. Ici règne une certaine obscurité : en quelle année mourut Ade ? qui lui succéda ? On ne peut le dire d'une façon précise; cependant l'auteur du *Miroir* déclare avoir trouvé, dans une transaction faite au profit de Pierre, abbé de Saint-Quentin-en-Isle, pour quatre chapons de rente sur une terre appelée Parpe, le nom d'une Jeanne, abbesse, qui vivait en 1380, et à laquelle succéda une autre du même nom, mais celle-là bien connue, Jeanne de Craon, fille de messire Jean de Craon, chevalier, et de Marie de Châtillon, dame de Dommartin. Elle fut confirmée, en 1400, par Guy, archevêque de Reims, et d'anciens titres nous prouvent qu'elle vivait encore en 1407; mais on ignore la date exacte de sa mort.

Agnès de Craon, sa sœur, vint après elle et vécut peu de temps. C'est à cette dernière qu'est due la création, pour la-

(1) *Chroniques*... Livre I, partie I, chapitre 87.

communauté, d'une maison de refuge dans l'intérieur de Saint-Quentin, afin d'éviter le retour des violences qui avaient signalé le passage des Anglais quelques années auparavant.

Jeanne de Longueval et sa nièce, Catherine de Longueval, furent abbesses à leur tour. La première mourut en 1419 et la seconde en 1451.

Jeanne du Fay, fille de Madame Blanche de Blois, dirige, de 1475 à 1509, le monastère qu'elle entoure de fortes murailles, pour le mettre à l'abri des attaques et des déprédations dont il avait été, tant de fois, victime, et Charlotte de Créquy qui lui succède, meurt en 1511, sans avoir laissé de traces appréciables de son passage.

Après elle, on se disputa dans le cloître. « La division commença, dit le *Miroir*, entre M. Isabelle d'Harlin et M. Jacqueline Dupont qui, pour la diversité des suffrages, prétendoient toutes deux avoir droit à la dignité d'abbesse; c'est pourquoi pour éteindre ce procez, Madame Louise de Bourbon, fille de haut et puissant prince François de Bourbon, comte de Vandosme, et de Madame Marie de Luxembourg, fut demandée de la commauté d'Origny pour être abbesse, pendant qu'elle estoit religieuse à Fontevrault. Mais à quelque chose malheur est bon; ce différend obligea Messieurs du Parlement de faire quitter aux deux susdites prétendantes leur droit à la supériorité, et pour commencer la réformation, fut élue et envoyée, l'an 1515, M. Benoîte de Saillarde, religieuse de Notre Dame de Chelle, diocèse de Paris, qui fut pourveue par le pape Léon X, le 23 de mars, et mise en possession le 8 de may de l'an 1516, par D. Frère Estienne, gentil prieur de S. Martin des Ghamps. »

Benoîte de Saillarde apporta dans la discipline du monastère des réformes qu'un trop grand laissez-aller avait rendues nécessaires. Les religieuses d'Origny vivaient, à cette époque, comme des dames du monde, chacune ayant son bien à part, ses meubles et son logement particulier. Le premier soin de la nouvelle abbesse fut de rétablir les grilles et de bannir de la maison les séculiers qui avaient fini par l'envahir. Elle fit prendre aux religieuses l'habit blanc telle qu'on le portait à Chelles, et terminer le grand dortoir et la clôture. Elle mourut le 27 mars 1554, « après avoir conduit en toute paix, douceur et régulière observance, ce saint monastère, avec la plus grande prudence du monde, l'espace de 38 ans. »

Après la mort de Benoîte de Saillarde, l'abbaye fut donnée par Henri II, à Renée de Lorraine, fille de Claude de Lorraine, duc de Guise, et d'Antoinette de Vendôme ; mais, déjà abbesse de Saint-Pierre de Reims, Renée ne voulut pas prendre l'administration du couvent d'Origny et se contenta de le diriger de loin pendant quelque temps, comme en font foi des actes signés de sa main et portant les dates des 26 mai et 18 juillet 1555.

Un pareil état de choses ne pouvant se perpétuer, elle désigna, elle-même, pour la remplacer, une religieuse professe de son monastère, Françoise de Belleforière (fille de Pierre de Belleforière, seigneur de Thun-Saint-Martin et de Beaumanoir, en Cambrésis, gouverneur de Corbie, et de Madeleine de Coucy, fille aînée de Raoul, seigneur de Vervins et de Chemery), qui gouverna l'abbatiale d'Origny du 23 février 1556 au 8 septembre 1583, date de sa mort (1).

(1) C'est sous cette abbesse que le prince de Piémont conduisant la cavalerie de l'armée espagnole, pour assiéger Saint-Quentin, en 1557, « courroucé de la résistance que lui avait opposé le monastère fortifié d'Origny, fit méchamment mettre le feu partout et le réduisit en cendres. » Les religieuses n'étaient pas à Origny, mais dans leur maison seigneuriale de Chaudardes-sur-l'Aisne. L'abbesse fit, de 1560 à 1583, reconstruire l'église et le dortoir et une partie de la basse-cour.

Antoinette de Crécy, dite de *Bligny*, religieuse de la maison, venait d'être élue abbesse par la communauté entière, quand Antoinette de Lorraine se présenta, en ayant obtenu du roi le brevet. Fille de Claude de Lorraine, duc d'Aumale, tué en 1573, au siège de la Rochelle, et sœur de Marie de Lorraine qui fut faite abbesse de Chelles, âgé de 24 ans à peine, on peut dire « que son royaume n'étoit pas de ce monde, car la provision de l'abbaye par le pape Grégoire XIII, et sa prise de possession la veille de l'Ascension, fut incontinent suivie de son décez, le 17 février. »

Antoinette de Crécy, déjà élue, ainsi que nous venons de le voir, le fut une seconde fois, mais sans plus de succès, le roi ayant désigné pour succéder à Antoinette de Lorraine, Louise de Moncassin, d'une ancienne famille de Guyenne, qui fit, en grande pompe, montée sur une haquenée blanche, son entrée à Origny, où elle fut reçue et installée par l'évêque de Laon. Louise de Moncassin, ajoute le *Miroir*, mourut « pleine de mérites, de bonnes œuvres et de gloire, à l'âge de 49 ans » (1).

A Louise de Moncassin, succéda Marie-Catherine de Montluc. Nommée abbesse, à 13 ans, par le roi Henri IV,

(1) L'administration de la dame de Moncassin, qui dura 18 ans, de 1586 à 1604, fut marquée par trois événements désastreux pour son abbaye :

« 1° L'incendie allumée par mégarde dans le bourg d'Origny et qui dévora la halle, les moulins et un grand nombre des maisons du bourg. L'abbaye n'éprouva d'autres pertes que la ruine des bâtiments et écuries de la basse-cour, « d'où vient que pour actions de grâces, les dames religieuses font une dévote procession à pareil jour, le 5 juin, ou veille de la Pentecôte. »

« 2° L'incendie et le pillage que les Espagnols apportèrent dans le couvent lorsqu'ils vinrent de Bohain à Origny-Sainte-Benoîte, en 1595, avec l'intention d'attaquer l'armée d'Henri IV qui bloquait étroitement la ville de la Fère. L'abbesse avait eu la précaution de se retirer peu de temps auparavant avec ses religieuses, dans le couvent des Sœurs-Grises, à Saint-Quentin.

elle vint prendre possession du monastère le mardi de la Pentecôte, 1605, revêtit immédiatement l'habit religieux, fit ses vœux en 1608, à l'âge de 17 ans, et reçut le voile noir des mains de Françoise de la Marche, abbesse d'Avenay, en présence de l'évêque de Laon, de Diane d'Estrées, seconde femme et veuve du maréchal de Balagny, son père, et de M. et Madame de Rambure, ses frère et sœur.

Un des premiers soins de la nouvelle abbesse fut de faire restaurer la châsse de sainte Benoîte, qui avait subi de graves dommages.

« L'an 1615, dit le *Miroir,* Madame de Montluc, enchérissant par dessus la dévotion de toutes les dames Abbesses qui l'avoient précédée dans cette charge, voyant que le tems, les remüements et transports de laditte châsse, souvent réitérés d'un lieu en un autre, à cause des feux et des accidens de la guerre, l'avoient rompu et altéré de beaucoup en sa beauté, se résolut de la faire racommoder toute de neuf, comme elle a fait aussi, et nous pouvons dire qu'elle est aujourd'huy l'une des plus belles de la France, où cependant nous avons en beaux reliquaires les miracles du monde. Son artifice, sa beauté, ses ornemens et ses richesses ne demandent que des yeux : et tout parle assez de sa magnificence, sans que j'en dise icy d'avantage.

« ... A l'ouverture qui fut faite de la vieille châsse par Messires François Cordelet et Anthoine Le Clercq prestres, chanoines de S. Vaast d'Origny, selon l'ordre, par commission a

« 3° Enfin l'incendie occasionné le 16 décembre 1603, par la négligence d'une sœur converse. Le feu ayant pris aux rideaux de son lit, s'étendit aux combles du grand dortoir et de là à l'église ; la violence du feu fut telle qu'elle propagea l'incendie jusqu'au petit clocher ; les cloches furent fondues et les boiseries et les ornements de l'église réduits en cendres. »

eux donnée en bonne forme, par Monseigneur Benjamin de Brichanteau, Évêque de Laon, Duc et Pair de France, on y trouva un coffre de bois bandé de fer et fermé à la clef, avec un bâton à côté sans aucune façon, qui fit croire que c'étoit celuy de l'aveugle dont il est fait mention plus haut : or, l'un et l'autre ayant esté porté avec révérence de la Sacristie de l'Eglise dans le Chœur des Dames religieuses, on travailla à préparer toutes choses pour changer de châsse à ces saintes Reliques, avec la plus grande pompe qu'il fut possible pour ce sujet. Monseigneur le sus dit Evêque fut derechef supplié d'honorer cette action de sa présence ; mais n'ayant pu y assister en personne, il y commit Messire Nicolas de Sains, son grand vicaire, archidiacre de Thiérache, lequel accompagné de quantité d'autres personnes d'honneur et de mérite, l'an 1615, le 20 de mai, le mardy d'après la Pentecoste, la grande messe ayant esté chantée solennellement et tout le couvent ayant dévotement participé au Corps et au Sang de J. C. par une communion généralle, comme aussi après la prédication faite par le Révérend Père Mathieu de Paris, prédicateur capucin, supérieur du Couvent de Saint-Quentin, en présence d'un grand nombre de témoins, le sus dit grand Vicaire Archidiacre, ouvrit le vieil coffre de bois, qui avoit esté porté de la sacristie extérieure dans le chœur des Dames, et dans iceluy on vit trois autres petits coffres tant de bois que d'yvoire, tous fermés de fer et d'argent, lesquels ayant esté ouverts, on trouva les précieux ossements du corps de la Sainte qu'il montra publiquement à tout le monde. Le chef n'y étoit point parce qu'il étoit enchassé à part dans un grand vase d'argent doré ; mais les autres saints os estoient dans une pièce de toile d'or, comme chacun les vit.

« Les yeux et les esprits des assistants estans suffisamment satisfaits de la veue de ces précieuses reliques, il les entoura d'une autre toile d'argent, et les remit en l'un de ses coffres de bois doublé de brocatelle d'or, qu'il enferma dans la nouvelle châsse benitte, avec le bâton de l'aveugle; et ensuite un procès-verbal en parchemin, qui porte les circonstances de cet enchassement dernier. La veuë sensible de ces saints ossements donna une sainte et curieuse dévotion à Madame, d'en faire tirer quelque partie, pour la rendre visiblement vénérable à tout le monde : Pourquoy elle en choisit particulièrement deux que l'on sépara des autres; l'un fut un des gros os de la cuisse, qu'elle fit aussitôt enchasser précieusemeut, avec quantité d'autres reliques de Saints, qui se gardoient dans la sacristie, sous des noms inconnus (1) : l'autre fut le morceau d'une coste de la Sainte, dont elle fit présent à Monsieur François, honneste bourgeois de Paris, homme pieux et fort affectionné au service de la dite Dame Abbesse, comme aussi de toute sa maison : lequel ravy d'avoir obtenu ce trésor, le fit poser dans un beau reliquaire d'argent doré, soutenu par un ange, qu'il a depuis donné à l'Eglise du Temple de Paris, où il étoit en charge de Marguiller : l'Ecriture que porte ce reliquaire fait foy de cette histoire. »

Comme on le voit, le R. P. capucin se complaît dans cette description dithyrambique; mais bientôt la prose ne lui suffit plus, il monte au Parnasse et termine par les vers suivants adressés à Madame de Montluc :

(1) Le *Miroir* donne plus loin (page 324) la nomenclature d'un grand nombre d'autres reliques également précieuses, « dont les unes furent enchassées séparément en divers et riches vaisseaux, les autres dans une même grande châsse » et mentionne, en outre, la clochette qui servait à sainte Benoîte pour appeler les fidèles, et la hache « dont elle eut la teste tranchée, le tout en reliquaire d'argent doré. »

« POUR LA BELLE CHASSE DE S. BENOITE.

Ouvrage si rare et si beau,
Quoy que vous soyez un tombeau,
Vostre valeur est nompareille :
Dans ce throne de Sainteté
Voyons-nous pas une merveille,
Comme une Reine assise en toute Majesté ?

C'est d'où son cœur lance ses feux ;
Son oreille escoute nos vœux ;
Sa main nous prête sa conduite,
Son amour vient bénir nos fruits ;
Et sa CLOCHE *donne la fuite,*
Aux Demons qu'à ses piés elle a cēt fois détruis.

Cette Abesse qui l'aime tant,
Et dont l'esprit est si contant
Au près d'un si parfait exemple,
N'a pas au cœur d'autre soucy,
Que d'embellir ce petit Temple,
Et de l'éterniser comme elle fait icy.

Aux efforts de quelque mal-heur,
Sa presence est tout son bon-heur,
Et la fin de toutes nos craintes ;
SOMME *qui revere ses os,*
*Entend que l'*OIZE *en fait des plaintes,*
Et, Ialouse, l'appelle au lieu de son Repos. »

Catherine de Montluc se trouvait dans la maison de refuge qu'elle avait achetée, en 1636, à Saint-Quentin, et installée dans la rue du Grenier-à-Sel, pour sa communauté, quand, le premier juin de 1642, on vint lui apporter la nouvelle que le feu avait pris à Origny, par suite d'une imprudence commise par une vieille femme qui avait allumé son four, et que le bourg, le monastère, son cloître et son église, « sans réserve que des murailles et de quelques vieux bâtiments séparés », n'étaient plus qu'un monceau de ruines. « Deux mois après, je vis encore les étincelles sortir de dessous les grains et les cendres », écrit l'auteur du *Miroir*. L'abbesse, après avoir fait constater l'importance des pertes qu'elle avait essuyées et dont le chiffre s'élevait à la somme de cent dix-huit mille trois cent soixante-cinq livres, sollicita du roi Louis XIII l'autorisation de faire un emprunt de trente mille livres, et fit travailler sans relâche à la reconstruction des bâtiments et de l'église. En 1647, l'œuvre était achevée et avait coûté cent cinquante-trois mille neuf cent soixante-quatorze livres quatorze sols.

Le plan de l'abbaye, telle qu'elle fut reconstruite en 1647, a été publié par M. Charles Gomart (1). Voici, d'après lui, quelle était la distribution des bâtiments. Nous nous contenterons d'en donner les lignes générales :

« L'entrée du monastère d'Origny était située sur la place publique ; on arrivait par un double rang de tilleuls à une belle grille placée entre deux pavillons ; cette grille donnait accès dans la cour d'honneur. Là, s'élevait au fond, en face de l'entrée, le magnifique logement de l'abbesse, bâtiment moderne décoré de vastes balcons, contenant salon de compagnie, salle à manger, chapelle particulière, chambre à coucher, etc. ; de ce logement il était facile de surveiller toutes les parties de la maison.

« A l'Orient de la cour d'honneur, s'élevait l'église, primiti-

(1) *Essai historique sur la ville de Ribemont....* page 338.

vement d'une construction ancienne, mais qui avait été tant de fois brûlée et reconstruite qu'on y trouvait des parties de toutes les époques. Son vaisseau dominait l'ensemble des bâtiments. Le chœur était vaste et garni de deux rangs de stalles : celles du haut pour les dames religieuses, et celles du bas pour les sœurs converses ; une grille avec rideau séparait le chœur de la nef ; le rideau était tiré les jours de fête.

« A l'Occident, un vaste bâtiment servant de logement tant aux étrangers qu'aux officiers de la maison, contenait au moins huit appartements. A la suite de l'église était placé le cloître, composé de quatre galeries symétriquement disposées autour d'un préau servant de cimetière pour les religieuses. C'était dans ces galeries que se trouvaient les portes communiquant à l'église, à la sacristie, à une vaste chambre où les dames de chœur tenaient leurs assemblées capitulaires, aux cuisines, à la dépense et à un magnifique dortoir où, sous le même comble, se trouvaient quarante-deux chambres de plein-pied.

« A la suite du cloître, se groupaient toutes les dépendances, placées de manière à faciliter les divers services, à ne pas nuire à la circulation générale et à rapprocher entre elles les constructions élevées pour la même destination : l'infirmerie avec l'apothicairerie, la chapelle des malades, le logement des domestiques. Plus loin, on trouvait la boulangerie, la blanchisserie, la brasserie, la boucherie, une glacière ; enfin du côté de la rivière, une ferme avec basse-cour, colombier, écuries, bergeries, hangards, grange, etc. Au delà des bâtiments, un jardin d'agrément avec charmilles, orné de plusieurs pavillons, de vastes potagers, des vergers plantés d'arbres à fruits, complétaient l'enclos du monastère fermé de hautes murailles et contenant environ six hectares. »

Nous compléterons cette description en ajoutant que l'abbaye eut longtemps un corps de logis appelé à la *Chambre du Roi* et le *Logis de M. le Dauphin*, preuve évidente que les rois vinrent souvent la visiter. On y exerçait, du reste, largement les devoirs de l'hospitalité et il y avait toujours de nombreux visiteurs reçus et logés avec magnificence dans l'hôtellerie du couvent.

L'abbesse ne sortait jamais que dans un carrosse attelé de quatre chevaux, même pour aller faire des collations dans un jardin superbe nommé le *Jardin de la Folie*, situé à une courte distance de l'abbaye. Elle était très sévère pour les mœurs et avait fait établir sur la place du bourg, vis-à-vis la porte du couvent, deux poteaux « au haut desquels étaient peintes, sur feuille de fer blanc, ses armoiries, et auxquels étaient attachées avec un collier de fer, à l'issue de la messe, pendant quatre heures, les jeunes filles qui se conduisaient mal. » L'abbaye avait « dans une grosse tour dite le *Chapeau-bleu*, une prison bonne et seure pour les criminels. »

Des différents étant survenus entre Madame de Montluc et le chapitre de Saint-Waast, Anselme, évêque de Laon, et P. André, chanoine d'Origny, furent, d'un commun accord, désignés pour arbitres et décidèrent que les droits de l'abbesse seraient de nouveau reconnus dans un acte authentique qui fut dressé, le 3 septembre 1627, par Antoine Bocher, notaire royal à Ribemont, et signé des parties, en présence de F. Nyet, prêtre chanoine de Laon, et Michel Bruneau, curé d'Origny « témoins sur ce appelez, faute d'autres notaires. »

Catherine de Montluc mourut en 1666 et fut enterrée sous la tribune de l'église du monastère, ayant à son doigt une bague d'or et, dans le cercueil, une crosse de bois peinte en noir.

Elle était alors âgée de soixante-quinze ans et avait gouverné l'abbaye durant cinquante-sept ans. Son oraison funèbre, que nous avons retrouvée dans un volume in-4 de la bibliothèque de Saint-Quentin, intitulé *Mélanges*, fut prononcée par Marc Doufrère, de l'ordre des Frères Prêcheurs.

III

Le *Miroir* finit avec Marie-Catherine de Montluc; mais si le lecteur tient à savoir ce que devint après elle l'abbaye qui lui devait, en quelque sorte, sa résurrection, des documents puisés pour la plupart, dans les archives de l'Aisne, nous permettront de le lui apprendre.

Après la dame de Montluc, nous voyons le gouvernement de l'abbaye passer entre les mains de MARIE-MADELEINE D'ESCOUBLEAU DE SOURDIS qui ne resta que deux ans et devint abbesse de Beaulieu, par suite d'un échange intervenu entre elle et MARGUERITE-HENRIETTE GOUFFIER DE ROÜANES, abbesse de la Sainte-Trinité de Caen.

Henriette de Roüanes était sœur de Charlotte, duchesse de Roüanes, mariée, en 1667, à François d'Aubusson, duc de La Feuillade, et d'Arthur Gouffier, duc de Roüanes et gouverneur du Poitou.

Elle signala son administration par de nombreuses libéralités, donna à l'église de l'abbaye un magnifique lustre en cristal de roche, enrichi d'agathes et de pierres précieuses, qui fut posé au milieu du chœur, devant le Saint-Sacrement, un grand antiphonier pour la paroisse du Mont et un autre pour celle de Neuvillette, et l'église du village de Beaurieux possède encore un très beau tableau du martyre de sainte Eutropie (1), qu'elle

(1) L'église de Beaurieux avait reçu du pape Innocent XI, par l'entremise du cardinal d'Estrée, évêque de Laon, les reliques de sainte Eutropie, martyrisée à Palmyre, en Syrie, environ trois cents ans après Jésus-Christ.

voulut présenter elle-même, en témoignage de sa dévotion et de sa piété.

Madame de Roüanes, après s'être défendue, avec beaucoup d'énergie et d'habileté, contre certains empiètements des chanoines du chapitre de Saint-Waast (1), abandonna le monastère d'Origny en 1698, pour se retirer à Paris dans l'abbaye de Port-Royal, où elle mourut en 1702. Elle avait conservé, dans sa retraite, une pension annuelle et viagère de 2000 livres sur le revenu de son ancienne abbaye, pension que lui avait assignée le roi Louis XIV, par un brevet du 17 mai 1698, qui désignait en même temps Madame de Brissac pour lui succéder (2).

Agnès-Catherine de Grillet de Brissac, était fille d'Albert de Grillet de Brissac, vaillant compagnon d'Henri IV, et de Catherine de Tardieu, fille d'honneur de la reine. Longtemps simple religieuse à l'abbaye d'Origny Sainte-Benoîte, elle y resta ainsi, sans titre, pendant un certain nombre d'années, puisqu'elle

(1) V. pour les détails de cette querelle, le livre de M. J. Poissonnier, sur l'*Abbaye Royale d'Origny Sainte-Benoîte*, page 99.

(2) Une pièce fort curieuse trouvée dans les archives de l'étude de Me Briet, actuellement notaire à Origny, donne une idée de l'ordre qui régnait dans l'administration de cette grande maison dont les charges dépassèrent très souvent les revenus.

Il y est dit que par acte du 22 décembre 1688, passé devant Me Godart, notaire à Origny, Madame Gouffier de Roüanes fait avec le sieur François Dufour maître cordonnier à Ribemont, une convention par laquelle le sr Dufour « s'oblige à fournir et livrer par chaque année, à la communauté des dames Religieuses et sœurs converses de l'abbaye, la quantité de quatre-vingt et six paires de souliers, qui font à chacune des dites sœurs deux paires par chacun an, et quatre paires pour les deux laquais, à livrer moitié à Pâques, moitié à la Saint-Remy, et aussi à entretenir et raccommoder les dits souliers pendant l'année, ainsi que ceux qui sont à raccommoder à l'abbaye ».

Ce marché est fait moyennant 200 livres par an, payables, moitié à la première livraison, moitié à la seconde.

était âgée de soixante-douze ans, quand elle fut nommée abbesse le 19 janvier 1699.

Le peu d'actes que nous avons découverts de son administration nous autorisent à conclure que l'auteur de son oraison funèbre, le chanoine Vitry, a fait de cette abbesse un éloge sincère :

« Quelque mérite de réputation qu'elle apportât, dit-il, on jugea qu'elle ne la soutiendrait pas longtemps; soixante-douze ans qui terminent d'ordinaire la vie de l'homme, parurent lui promettre peu de jours au-delà. Mais Mme de Brissac n'était pas comprise dans l'ordre commun. Dieu la rajeunit en quelque sorte, jusqu'à ce qu'elle eut renouvelé la face de sa Maison.

« Vous ne supputerez pas ses années par aucune faiblesse de raison, ni par aucune défaillance de jugement. Son âge montrera la solidité de son esprit, la puissance de sa conduite, la maturité de ses conseils. Considérez-la de plus près : point de petitesse dans ses pensées; point de travers dans ses vues; point de puérilités dans ses desseins. Dans le décroissement de l'âge, on ne remarque qu'une perfection des différentes qualités d'une supérieure... (1) »

Mme de Brissac mourut à l'âge de quatre-vingt-seize ans, le 2 décembre 1722, après avoir fait reconstruire le cloître et l'infirmerie de l'abbaye, qui tombaient en ruines.

Elle avait pris pour coadjutrice MARIE-ANNE-ÉLÉONORE DE ROHAN-SOUBISE qui devint abbesse à son tour. Née le 25 août 1697, elle était le onzième enfant de François de Rohan, prince de Soubise, et de Anne Chabot de Rohan, et sœur de Anne-Marguerite de Rohan, abbesse de Jouarre.

Les détails de son administration sont peu connus; nous

(1) Bibliothèque de Saint-Quentin : *Oraisons funèbres,* A. I. nº 1823.

savons seulement par la *Gallia Christiana* qu'elle mit fin aux réclamations continuelles des chanoines de Saint-Waast, en obligeant Philippe Deslandes à rétracter le livre ou plutôt le réquisitoire qu'il avait fait imprimer sous ce titre : *Dissertation sur la fondation de l'Église royale de Saint-Vaast d'Origny.*

Un conflit survenu entre elle et M. de la Fare, évêque de Laon, à l'occasion de la nomination d'un chanoine, nous apprend encore que si l'abbesse s'attribuait le droit de procéder par elle-même au choix de ses subordonnés, ce droit lui fut quelquefois contesté.

Le fait remonte à 1728. Madame de Rohan-Soubise avait nommé chanoine d'Origny, un prêtre du pays, *Jean Bauchart* (1). De son côté, M. de la Fare avait pourvu du même bénéfice Claude Colliette, chapelain de la collégiale de Saint-Quentin. L'abbesse voulut soutenir son droit; elle y mit une certaine ardeur et toute conciliation étant devenue impossible, l'affaire fut portée devant le bailliage de Ribemont qui donna raison à l'évêque. L'abbesse dut céder et Jean Bauchart abandonna sa prébende qu'il retrouva, d'ailleurs, à la première vacance et garda pendant 26 ans (2).

Nous ignorons la date précise de la mort de Mme de Rohan-Soubise. Cette abbesse paraît avoir gouverné le monastère d'Origny jusqu'à la fin de l'année 1752.

Son oraison fut prononcée, le 24 janvier 1754, par M. Duhénois, théologal de l'église de Saint-Quentin.

Catherine-Hélène de Sabran, de la maison des comtes de

(1) Arrière grand-oncle de l'auteur de cette notice.

(2) On voit encore dans la chapelle de Sainte-Benoîte de l'église d'Origny, une pierre tombale portant l'inscription suivante : D. O. M. Ici git le sieur Jean Bauchart, ancien curé et chanoine de cette église, agé de 58 ans, ayant resté 26 ans chanoine; décédé le 13 février 1755. Priez Dieu pour son ame.

Forcalquier, est chargée du gouvernement de l'abbaye en 1754. La communauté possédait alors de vastes domaines (dont les revenus, en argent et en nature, s'élevaient à plus de 80.000 livres), et plusieurs villages; aussi l'abbesse prenait-elle le titre de Dame d'Origny, Mont-d'Origny, Neuvillette, Pleineselve, Bernoville, Lerzy, Froidestrées, Verly, Beaurieux, Craonnette, etc.

Hélène de Sabran rétablit, en lui donnant une splendeur presque royale, le cérémonial des fêtes de sainte Benoîte, tel qu'il existait du temps de l'abbesse de Montluc. En voici la description que nous trouvons dans les *Mémoires manuscrits sur Saint-Quentin et les environs* (1).

« Tout le monde sait que tous les gentilhommes qui possèdent quelques fiefs d'Origny sont obligés de se trouver à la procession solennelle qui se fait tous les ans, le mercredy d'après la Pentecôte, et d'accompagner la châsse de sainte Benoîte, que l'on porte jusqu'aux arbres du Thil... L'on y fait son panégyrique auquel se trouve une grande affluence de monde, tant de la Picardie que des Pays-Bas et autres voisins. De là, tous ces nobles reviennent très bien montés, et leurs chevaux bien enharnachés par obligation, rendre leur foy et hommage à Madame qui les reçoit assise dans son fauteuil sur une estrade, à la grande porte de clôture de la grande cour, où se trouve la communauté de la dite abbaye, et où le bailli d'Origny, à la tête des officiers de la Justice, harangue Madame l'Abbesse, et après que les fieffés lui ont rendu les hommages, les dits sieurs bailly et officiers de justice en dressent l'acte et reçoivent les excuses des absents; que s'il manquoit quelque chose notable à l'équipage de ces M.M., on les mettroit à une amende arbi-

(1) Bibliothèque de Saint-Quentin, ms. 201, pp. 16 et 17.

trale ; et chacun retourne aussitôt rejoindre la Procession, selon son ordre. Messieurs les chanoines, les curés, les chapelains revêtus portant les S.S. Reliques, (le prêtre officiant), la clochette de sainte Benoîte (1), et le prédicateur, la hache qui acheva le glorieux martyre de cette illustre vierge... L'on vient, ensuite, à la messe solennelle que Messieurs les chanoines doivent tous, en corps, chanter et y fournir la musique, et toute la cérémonie achevée, l'on traite la compagnie et Madame donne à tous ces messieurs une paire de gants pour marque de sa considération.

« Le jeudi d'après le dimanche de la Quasimodo, on fait l'ouverture des grands jours d'Origny, c'est-à-dire les Plaids généraux, dans la grande cour et la grande salle de l'abbaye. L'on y appelle, au son de la grosse cloche de la paroisse, tous les sujets de l'abbaye.

« Pour achever cette matière, l'on doit dire que chaque chanoine et chapelain, le jour de la prise de possession de son bénéfice, doit venir accompagné de tout le corps revêtu, en l'église de l'abbaye, et là, à genoux devant la grille, faire serment de fidélité à Madame, comme à la doyenne de son corps, l'assurant de son obéissance et du soin qu'il aura de conserver ses droits. Il donne le même jour à la communauté de la dite abbaye, un escu d'or. »

Les *Mémoires sur Saint-Quentin* ne parlent que de la grande procession du Thil et de l'ouverture des Plaids; mais nous voyons dans le *Miroir* (page 331) que d'autres fêtes étaient

(1) « La clochette qu'on nomme ordinairement de S. B. passe pour relique de cette grande sainte, puisque par ses mérites en la prenant en main et la sonnant, on a fait souventes fois dissiper les orages, les vents, gresles et tempestes, fait cesser les bruits du tonnerre, escarter ses feux et ses foudres ». (*Miroir*, page 328).

encore célébrées en l'honneur de sainte Benoîte. La première avait lieu le 8 septembre en mémoire de son avènement à Origny ; la seconde le 8 octobre jour de son martyre. Le chef de la sainte était exposé pendant la grand'messe.

La châsse de sainte Benoîte ayant subi quelques détériorations, Mme de Sabran fit venir, dans le cours de l'année 1769, « un ouvrier habile qui répara tous les dômages que ce trésor précieux avoit essuyés pendant cent ans. Toute la châsse fut raccomodée, redorée et argentée de neuf, ainsi que tout le Trésor de l'Abbaye. Ce fut un ouvrage immense qui ne fut achevé que pour le jour de la feste de cette grande Sainte au 8e d'octobre. La surveille de ce jour, elle fut reportée de l'endroit où on l'avoit raccomodée, en triomphe et processionnellement ; toute la communauté assemblée dans sa chapelle du chœur, qu'on voit depuis peu avoir reçu une brillante décoration par le zèle qu'a pour ce lieu Sainte Dame Thérèse Demoniot d'Hestroy, de Namur, thrésorière de cette abbaye, et qui voulant, au nom de la communauté, témoigner sa reconnaissance à la digne Abbese, a fait faire une plaque d'argent doré où est gravé l'écusson de Madame Catherine-Hélène de Sabran, que l'on voit au pignon gauche de la châsse, à côté de la statue de la Vierge ; au pignon droit est aussi l'écusson de Madame Catherine de Montluc (1). »

Madame de Sabran mourut à la fin de l'année 1778 et son

(1) Ces détails peu connus ont été consignés sur un feuillet couvert d'une grosse écriture du XVIIIe siècle, introduit à dessein dans un manuscrit intitulé : *La Vie de Sainte Benoîte, Vierge et Martyre,* que Madame Éléonore de Rohan-Soubise donna à sa communauté en 1747, et qui appartient aujourd'hui à Mme Fierret-Desumeur, d'Origny.

« Ce supplément dit l'auteur de la note, est pour ne pas laisser dans l'oubli d'aussi belles œuvres, et pour donner idée de le faire faire par une meilleure plume que la mienne. »

oraison funèbre fut prononcée le 13 décembre par le R. P. Mezurolle.

Jeanne-Marie de Narbonne-Lara est la dernière abbesse d'Origny. Elle était proche parente du comte de Narbonne qui fut ministre de la guerre en 1791, plénipotentiaire au congrès de Prague, à la fin du premier Empire, et mourut en 1813. Nommée par Louis XVI, en janvier 1779 (1), ce fut Mme de Macquerel de Pleineselve, première prieure de l'abbaye d'Origny, qui en prit possession au nom de la nouvelle abbesse et en vertu de sa procuration, par acte notarié du 12 février 1780 (2). Madame de Narbonne administra la communauté jusqu'au jour où elle fut expulsée par la Révolution. La paralysie dont elle était atteinte depuis quelques années, l'empêchant de marcher, on la portait en chaise partout où sa présence était réclamée. Femme d'un mérite exceptionnel et d'une haute vertu, elle gouvernait sa Maison avec une sagesse à laquelle chacun rendait hommage, et après les fureurs du vandalisme révolutionnaire, après plus d'un siècle passé, son souvenir est encore, aujourd'hui, vivant et respecté.

(1) Le roi hésitant à la nommer, en raison de ses infirmités : « Que Votre Majesté se rassure, dit l'évêque, si elle n'a pas bon pied, elle a bonne tête. »

(2) Madame de Macquerel de Pleineselve était entrée en religion sous l'administration d'une des précédentes abbesses, Madame de Rohan-Soubise, ainsi qu'il résulte d'un acte passé, le 27 octobre 1732, devant Me Godart, notaire royal. Cet acte porte que M^{ire} Jean de Macquerel, chevalier, seigneur de Pleineselve, tant en son nom qu'en celui de Catherine-Julie de la Chaussée de Boiville, son épouse, « après avoir longtemps examiné le dessein formé par Marie-Catherine-Armande de Macquerel, sa fille », de se retirer dans un monastère pour y employer le reste de ses jours à chanter les louanges du Seigneur, constitue à sa fille une rente annuelle et viagère de cinquante livres, à compter du jour de sa profession.

La famille de Macquerel est encore représentée, aujourd'hui, par un de ses descendants, M. Aymar de Chauvenet, de Parpeville, dont le grand-père, Charles-Pierre-François de Chauvenet, épousa Louise-Charlotte-Alexandrine de Macquerel, fille aînée de M. Alexandre de Macquerel de Parpeville.

On raconte que redoutant un avenir plein de menaces, Madame de Narbonne avait confié au brasseur du couvent, nommé Leroux, l'argenterie de la communauté pour la porter à Saint-Quentin et la mettre en sûreté. Forcé par le mauvais temps de s'arrêter dans une auberge isolée qu'il trouva sur sa route, cet homme dévoué avait été reconnu par l'aubergiste, dépouillé malgré sa résistance et menacé d'être dénoncé et livré au tribunal du district, s'il disait un seul mot de l'aventure.

Leroux revint à Origny et comme il déplorait, en pleurant, le triste résultat de son voyage : « Ne vous désolez pas, mon pauvre Leroux, dit l'abbesse, l'argent volé ne porte pas bonheur et ces misérables seront punis jusque dans leurs descendants. »

La prédiction devait se réaliser. L'auberge, trois fois détruite par le feu et trois fois reconstruite, ne put, en effet, se maintenir debout et échapper à la justice divine qu'en changeant de propriétaires. Elle avait reçu des gens du pays le nom de *La Désolation* qu'elle a conservé jusqu'à nos jours.

Réfugiée à Ribemont, dans la maison du marquis de Condorcet, où elle vivait cachée avec dix religieuses qui avaient voulu la suivre dans sa retraite, Madame de Narbonne-Lara fut arrêtée le 26 frimaire an II, transférée à Saint-Quentin et jetée sur la paille, avec ses compagnes, dans une salle basse, au fond de la cour de la maison des *Dames de la Croix*, qui renfermait alors toutes les victimes de la Terreur. Elle y mourut le 7 janvier 1794 (1).

Pendant que ces évènements se passaient, l'abbaye était envahie par la populace et livrée au pillage. On cassait ses cloches, on

(1) Le portait à l'huile de Madame de Narbonne-Lara existe chez M. l'abbé Piot, aumônier de l'Hôtel-Dieu de Laon. Il a été reproduit par la gravure et figure dans l'ouvrage de M. J. Poissonnier.

démolissait ses quatre clochers qui, *par leur domination sur les autres édifices, semblaient contrarier les principes d'égalité* (1); on vendait ses riches boiseries sculptées, ses portes, ses fenêtres, ses plombs,... pour la somme de trois mille cinq cent quatre-vingt-quatre livres en assignats; on livrait son orgue avec son superbe buffet pour trois cent soixante livres; on brisait les pierres tombales, on fouillait les sépultures, et le corps d'Hélène de Sabran, arraché de son cercueil, était traîné par les cheveux à travers les rues et jeté, tout mutilé, dans un trou du cimetière!

Les châsses étaient dépouillées de leurs riches métaux et pierres précieuses; les bois en étaient brisés et les reliques dispersées; les meubles, les tableaux, les livres, les manuscrits, les ornements d'église, tout était détruit, et les restes de ce précieux mobilier, chargés sur trente-huit voitures, étaient conduits à Saint-Quentin et brûlés sur la place (2), à quelques pas de cette imposante collégiale dont Claude-Maure d'Aubigné, 93e évêque de Noyon, avait loué les magnifiques proportions, en disant « qu'elle paraissait avoir été construite plutôt pour commander aux autres que pour obéir à aucune. »

Les actes de vandalisme dont Origny fut le théâtre ne s'arrê-

(1) *Histoire parlementaire de la Révolution*, par Buchez et Roux, tome XXX, page 143.

(2) Deux voituriers dont les noms méritent d'être conservés, *Moret* et *Paris*, arrachèrent aux flammes, au risque de leur vie, deux morceaux des reliques de sainte Benoîte, mêlés à ce lamentable fouillis, et les rapportèrent furtivement à Origny, où ils furent gardés secrètement jusqu'au moment où la paix fut rendue à l'église. « En 1810, l'authenticité de ces reliques fut attestée par le serment des deux hommes et d'autres témoins, et solennellement reconnue par l'autorité épiscopale. Elles sont aujourd'hui contenues dans deux modestes reliquaires en bois doré auxquels on a fixé quelques émaux et d'autres petits ornements, tristes débris d'une splendeur passée. » (Voir *La Semaine du Vermandois*, par l'abbé Gourmain, 3e année, page 469.)

tèrent pas au sac de l'abbaye et à la démolition de la chapelle qui avait été élevée aux *Arbres du Thil*, les maisons des chanoines reçurent également de rudes atteintes. Quelques-unes furent, cependant, miraculeusement préservées. Celle de l'abbé Hanquet, habitée depuis par les notaires de la localité, MM. Legrand et Poissonnier, est devenue la propriété de leur successeur, Me Briet, qui a mérité l'approbation des hommes de goût en lui conservant son caractère primitif.

Une des pièces de cette maison, la principale, — aujourd'hui le salon, — est particulièrement intéressante :

Les grands panneaux qui s'étendent de chaque côté de la porte d'entrée sont encore entièrement tapissés de peintures sur toile, d'une conservation parfaite et fort curieuses au double point de vue des costumes du temps et des coutumes locales.

Celui de droite nous montre un bateleur faisant danser un ours, au son du tambourin, tandis que son camarade fait la quête et tend son chapeau aux paysans qui l'entourent.

Dans celui de gauche, nous assistons à la fête du pays. On danse auprès d'une auberge, autour d'une table abondamment servie. Un dragon, dans le joli costume que *Gentil Bernard* a popularisé, poursuit une jeune fille dont la défense est molle, et la scène deviendrait peut-être un peu vive pour les yeux d'un chanoine, si la mère n'intervenait pas.....

Indépendamment de ces panneaux, deux trumeaux placés, l'un au-dessus de la porte, l'autre au-dessus de la cheminée, dans son vieux cadre de bois sculpté, représentent des scènes champêtres. Enfin, un devant de cheminée, où des soldats et des paysans attablés boivent ensemble, complète cette amusante série de sujets pris sur le vif.

Ces peintures, qui datent de la fin du siècle dernier, ne sont pas d'un maître ; les personnages n'ont pas toujours les proportions voulues; mais les physionomies sont expressives, et les paysages, où les règles de la perspective ont été très exactement observées, sont charmants de composition et de couleur (1).

La clochette de sainte Benoîte, à laquelle s'attachaient tant de pieux souvenirs, avait pu être sauvée; quelques objets précieux échappèrent également au pillage et servirent plus tard à constituer ce qu'on appelle aujourd'hui le *Trésor* de l'église d'Origny. Le plus intéressant est un dyptique, en forme de livre, dont la valeur artistique est considérable.

Revêtu d'un maroquin dont la couleur a malheureusement disparu, il porte, autour des plats et du dos, une guirlande de feuillage en or couvert d'un émail blanc veiné de noir, du plus délicat travail. Aux quatre angles du volume et sur les fermoirs, sont appliqués en relief et également émaillés, un A et un V entrelacés, surmontés d'une couronne ducale fleurdelisée. Au milieu de chaque plat, le même chiffre est répété en plus grand, enlacé à deux branches de laurier et accompagné de deux S fermés.

Vu de biais, avec son dos à charnières légèrement creusé par le milieu, et sa tranche dorée admirablement simulée, il offre l'aspect de deux petits volumes de format in-16 qu'on aurait appliqués l'un contre l'autre.

L'intérieur est divisé en 36 compartiments ou casiers d'un centimètre carré, fermés par une petite glace, qui gardent autant de reliques, chacune munie d'une étiquette indiquant son nom et sa provenance. Sur chaque cloison séparative des casiers, on lit alternativement ces mots ciselés en relief : IESUS | MARIA.

Un état dressé en 1688 et conservé dans les archives de l'Aisne, porte que ce précieux bijou fut donné à la communauté

(1) V. Appendice.

par une de ses abbesses, Marguerite-Henriette de Roüanes (1), mais il est de toute évidence qu'il n'a pas été fait pour elle.

Le monogramme A. V., sommé d'une couronne ducale, et l'S fermé (2) dont on fit un si fréquent usage au temps des derniers Valois, nous paraissent indiquer, au contraire, que ce délicieux travail d'orfèvrerie a dû être exécuté dans la seconde moitié du XVIe siècle, sur l'ordre d'Antoinette de Vendôme, femme de Claude de Lorraine, premier duc de Guise, pour être offert à sa fille, Renée de Lorraine, qui fut nommée, comme on l'a vu plus haut, abbesse d'Origny en 1555.

Maintenant, pourquoi et comment ce reliquaire se trouvait-il, en 1688, entre les mains de Madame de Roüanes ? Le problème est à résoudre ; mais on reconnaîtra qu'il n'a pas une importance capitale.

Le *Livre de la Trésorerie*, que nous avons décrit dans le cours

(1) « Un reliquaire d'or émaillé, fait en *Livre*, contenant des reliques très rares et très précieuses, lequel est soutenu d'un piédestal rempli dans toutes ses dimensions de reliques considérables et fort assurées, avec une couronne portée par deux anges ».

(2) Quelle est la signification de cette lettre dont l'usage était très répandu à la fin du XVIe siècle et au commencement du XVIIe ?

D'après MM. Vatout et Édouard Fournier, l'S barré ne serait qu'une sorte de *rebus* que Henri IV, non moins ardent que Henri II à arborer les insignes de sa passion, aurait inventé en faveur de Gabrielle d'Estrées *(S. trait)* ; mais cette explication a été complètement réfutée par M. Adrien de Longpérier qui cite des exemples de l'S barré, employé par Jeanne d'Albret et Catherine de Navarre bien avant la naissance de Gabrielle.

La seule explication plausible nous paraît être celle d'Étienne Tabourot, Sieur des Accords, qui vivait du temps de Marguerite de Valois, et qui dit au chapitre des *Bigarrures* intitulé : *Des Rebus de Picardie*, que cet S fermé d'un trait signifiait *fermesse* pour fermement.

Nous avons vu cette lettre dans des manuscrits, sur des coffrets, sur des reliures ; nous la retrouvons constamment dans la correspondance de la reine Marguerite, et nous ne pensons pas qu'elle puisse recevoir une autre interprétation. Ce chiffre symbolique veut donc dire simplement : à vous toujours, *fermement*.

de cette étude, était également renfermé dans la grande châsse de sainte Benoîte. Le hasard a voulu qu'il fût épargné dans la destruction des objets mobiliers de l'abbaye et de la châsse elle-même. Il se trouve actuellement à la Bibliothèque de Saint-Quentin.

Ces épaves sont les seules qui aient été recueillies dans ce grand désastre. Si intéressantes qu'elles soient, elles ne peuvent nous consoler de la perte de tant de richesses accumulées depuis dix siècles.

Tout disparut dans ce lamentable naufrage : l'Abbaye, saisie par la Nation, fut adjugée dès 1791, à un nommé Ménard, de Soissons, entrepreneur de bâtiments, qui de 1791 à 1808, fit démolir successivement l'église, le cloître, le logement des prieurs, l'abbatiale et ses dépendances, pour en vendre les matériaux, de sorte que de cette somptueuse demeure où les rois avaient leur logis, il ne reste plus que poussière.

LES FAREINISTES

ET

LEUR LIVRE

LES FAREINISTES

ET

LEUR LIVRE

I

Le Fareinisme est une secte religieuse qui procède du Jansénisme, mais avec plus de violence dans les doctrines et des mœurs moins pures.

Son nom lui vient du lieu où il est né, Fareins, village situé dans le diocèse de Lyon, au rebord occidental du plateau de Dombes, sur le versant qu'arrose la Saône.

Ses fondateurs furent les frères Bonjour, originaires de Pont-d'Ain, en Bresse.

Claude, l'aîné, « homme simple et modeste, doué du don de la parole, et pleinement instruit de la science de son état (1) »,

(1) Lettre de M. de Jolyclair, vicaire général de l'archevêque de Lyon, M. de Montazet, imprimée à Lyon en 1788.

était curé de la paroisse, quand il commença à dogmatiser en 1775.

Un peu plus tard, François, son frère cadet, qui professait dans un collège d'Alais, lui fut adjoint comme vicaire.

Huit années s'écoulèrent dans la pratique des vertus pastorales et leur apostolat, édifiant et chrétien, leur avait gagné tous les cœurs, quand, tout à coup, s'appuyant sur des textes de l'Évangile, François se livre à des prédications subversives, pose en principe la communauté des biens, comme chez les premiers chrétiens, demande que la femme soit en tout considérée comme l'égale de l'homme, et conteste le droit d'héritage et de propriété, sous ce prétexte toujours tiré de la Sainte Écriture, qu'Adam *n'avait pas fait de testament!...*

Bientôt la parole ne lui suffit plus. Il veut frapper les esprits par des actes; il lui faut des miracles.

Une bande de démoniaques (femelles) est formée dans la paroisse. Des moines fanatiques accourent; les exorcismes commencent. On frappe les possédées à coups redoublés avec la Bible; on les dépouille; on les bat de verges... François fait fonction de *père fouetteur,* ce qui n'empêche pas les illuminés des deux sexes de se fustiger mutuellement.

Bonjour aîné trouve qu'on va trop loin, monte en chaire et déclare à ses paroissiens que ne se croyant plus digne, non seulement de continuer ses fonctions, mais même de participer à la sainte communion, il résigne sa cure. Il dépouille, en effet, l'habit sacerdotal et couvert de vieux haillons, assiste aux offices, de la porte de l'église, se fait goujat et sert les maçons, à l'exemple de Messieurs de Port-Royal qui se faisaient jardiniers (1).

(1) « Il s'était condamné, en apparence, à une rigoureuse pénitence, mais lorsqu'on fit l'inventaire de son mobilier, on trouva, dit-on, une armoire richement garnie de chocolat, de confitures, et de liqueurs de toute espèce. » (*Biographie universelle ancienne et moderne,* supplément 1835, pp. 548-549.)

Son frère lui succède en 1783 et prend pour vicaire un ecclésiastique nommé Farley, qui est imbu de leur doctrine.

Les sermons et les exorcismes continuant, ces excentricités sont dénoncées au Parlement de Dijon qui ordonne une enquête. Le commissaire-enquêteur, ami des Bonjour, déclare « que la plainte n'est pas fondée, qu'il y a quelques folles à Fareins et que MM. Bonjour ont eu le tort de les croire obsédées du démon, qu'ils ont, à la vérité, employé d'anciens exorcismes, mais que tout est fini... »

Le scandale redouble. Une jeune fille, Etiennette Thomasson, demandant *au bon curé* de la crucifier comme l'avait été Jésus-Christ, est mise en croix contre la muraille de la chapelle de la Vierge, qui tenait à l'église, les mains et les pieds percés par des clous de 4 pouces 1/2 enfoncés à coups de marteau, en présence du curé et de son frère, du vicaire Farley, du P. Caffe, dominicain, et de dix à douze personnes des deux sexes, qui étaient du nombre des adeptes. Les clous arrachés, la jeune fille se relève et continue ses exercices de piété, déclarant qu'elle ne souffre aucunement et que sa santé est parfaite.

Un autre miracle est opéré. Marguerite Bernard s'étant cassé un os de la jambe, François Bonjour lui perce la partie malade avec un couteau à *manche rouge* « qu'un inconnu lui a apporté dans une vision », et la jeune fille se trouve guérie, non seulement de la fracture, mais encore de douleurs et d'enflures qui duraient depuis quatre mois.

A Fareins, l'émotion est grande. Les uns s'indignent, les autres croient à une intervention divine. Ces *miracles* attirent aux frères Bonjour un grand nombre de prosélytes, surtout en filles et en femmes.

Elles se rassemblent dans une grange, pendant la nuit, sans lumière, et le prêtre s'y rend par la fenêtre. Là, il distribue la discipline à tort et à travers, et les pénitentes excitées jusqu'à la démence, répondent à ses coups par des cris de joie. Les plus enragées le poursuivent de leurs obsessions jusque dans les champs.

Cependant les pères de famille et les maris qui ne faisaient point partie de la secte, souffraient impatiemment ces désordres.

Un des principaux habitants de Fareins, connu par son hostilité contre les novateurs, étant mort presque subitement d'une piqûre d'aiguille trouvée dans son lit, l'irritation est à son comble.

Des plaintes sont portées à l'archevêché et aux magistrats de Trévoux. L'archevêque de Lyon, informé de ces faits, écrit de Paris à son vicaire général, M. de Jolyclair, « qu'il ne perdra pas un moment pour arrêter le cours de pareils excès ». (Lettre du 2 janvier 1788).

Il obtient, en effet, trois lettres de cachet, l'une exilant l'aîné des Bonjour à Pont-d'Ain, l'autre enfermant Bonjour cadet chez les moines de Tanlay, en Bourgogne, la troisième, envoyant son vicaire à Boën. Un nouveau curé, nommé Comte, est installé à Fareins.

Mais François Bonjour proteste du fond de sa retraite et entretient le zèle de ses sectateurs. Prisonnier sur parole, il s'évade de Tanlay pendant l'office, jure qu'il a été, comme *Saint-Pierre aux liens*, délivré par un ange, et court se réfugier à Paris où deux miraculées de Fareins, Benoîte Monnier et Marguerite Bernard, vont le rejoindre.

II

A la chute de la Bastille, les deux frères retournent à Fareins (20 septembre 1789). La foule se porte au devant d'eux. Le curé Comte est chassé, François Bonjour rétabli dans sa cure et gardé par ses adeptes. L'évêque (*in partibus*) de Sarepta, administrateur du diocèse pendant la vacance du siège de Lyon, fait venir la maréchaussée de Trévoux.

Bonjour averti à temps, se cache. Puis les poursuites paraissant abandonnées, il reparaît, célèbre et prêche dans la chambre d'une jeune fille, multipliant les révélations, les guérisons, et augmentant le nombre de ses prosélytes.

Sur ces entrefaites, l'Assemblée nationale ayant décrété en novembre et décembre la création des municipalités, la paroisse de Fareins, devenue la commune de Fareins, est mise en demeure, au commencement de 1790, de se prononcer entre Comte, le curé-commis, et François Bonjour. L'élection est indiquée pour le 7 février. Une foule furieuse réclame à grands cris François. Comte qui prétend avoir pour lui la grande majorité des habitants, refuse les clés de l'église.

Clocher et église sont ouverts de force.

Des attroupements se forment, composés en majeure partie des prophétesses, possédées, miraculées, etc., lesquelles se portent sur la cure, leurs tabliers remplis de pierres.

Là, menace à Comte, « s'il ne déguerpit pas, de le jeter en Saône. »

Celui-ci muni d'un décret de prise de corps obtenu à Trévoux, requiert de nouveau la maréchaussée et fait appel à la garde nationale.

Les zélateurs mâles et les démoniaques femelles, sont dispersés, les maisons connues comme jansénistes, perquisitionnées, et les deux Bonjour arrêtés et écroués dans « les prisons royaux de la Sénéchaussée. »

Défendus par un de leurs plus chauds adeptes, le prêtre Souchon, qui après s'être dépouillé de sa robe de prêtre, avait acquis une grande influence dans les assemblées populaires de

Lyon, les deux prophètes de Fareins sont élargis après un emprisonnement de neuf mois (19 novembre 1791).

L'année suivante, François Bonjour part pour Paris avec une servante « la Fanfan » et une hallucinée, Claudine Dauphan, qu'il a connue chez une dame noble de Lyon, Mlle de Boen, et dont il a fait sa maîtresse. Il leur annonce qu'il est Dieu, qu'il est leur époux et que de leur union, naîtrait de la Fanfan un fils *précurseur*, et de Claudine « un enfant de lumière qui viendrait consoler et renouveler le monde. »

Le mariage à trois est consommé.

« Les effusions (on en trouve les preuves écrites aux archives de Trévoux) se succèdent revêtues d'expressions mystiques empruntées au Cantique des Cantiques.

« Le 29 janvier 1792, la domestique de Bonjour met au monde... une fille! Elle se croit trompée; mais les douleurs continuent et la fille est suivie d'un garçon, « ce qui répare tout. »

« Le 18 août suivant, Claudine entre, à son tour, en gésine. L'enfant divin fait son apparition et reçoit le nom d'Élie.

« Un petit groupe de croyants venus de Fareins, entoure le *Paraclet* et reste à ses genoux, en adoration perpétuelle.

« Dans le village resté fidèle, on quête pour les besoins de la *Sainte Famille*. Des sommes considérables sont amassées pour aider, lors de la majorité d'Élie, à la conversion de l'Univers » (1).

Pendant que ces événements se passaient, Claude était revenu à Fareins pour se faire élire, avec l'appui de la municipalité janséniste, curé à la place de Comte; mais en butte à l'hostilité

(1) LE FAREINISME, par Ch. Jarrin. *Bourg, imprimerie Authier et Barbier*, 1881.

du maire, Merlino, élu en septembre 1792, par les électeurs de l'Ain réunis à Trévoux, membre de la Convention, il est obligé de quitter Fareins, va rejoindre son frère (15 ventôse an II) et s'établit à Corbeil où il se fait cordonnier pour gagner de quoi vivre.

En 1800, la police est informée de l'existence de la secte à Paris et à Corbeil, et de la propagande organisée par les deux Bonjour. Ces derniers avertis, confient leur argent à Souchon, cet ancien curé de Forez qui les avait défendus avec succès au moment de leur arrestation en 1791. Souchon devenu financier, fait banqueroute. Ses coreligionnaires soupçonnent sa probité, entament contre lui des poursuites. Il se venge en les dénonçant comme ayant la nuit des réunions suspectes et professant des doctrines dangereuses. La préfecture de police attend que les adeptes du nouveau culte soient réunis dans la maison du faubourg Saint-Marceau où ils ont l'habitude de célébrer leurs rites, et les arrête en bloc, au nombre de 104. Les hommes sont conduits à La Force et les femmes à Saint-Lazare. L'enfant, dieu de ce cénacle, est interrogé. On lui demande s'il est le prophète Elie ? « On le dit, répond-il ; » s'il est Dieu ? même réponse. En fin de compte, les Bonjour sont expulsés du territoire français.

La colonie se réfugie alors en Suisse, non loin de Lausanne. Il faut vivre : Claude continue son métier de cordonnier et François entre comme prote dans une imprimerie. Les deux frères touchaient à la misère, quand un de leurs adeptes, fabricant de toiles cirées et réalisant de gros bénéfices, se rappela que les biens devaient rester communs dans leur petite église, comme autrefois dans la primitive église de Jérusalem, et leur procura le bien-être par une assistance régulière.

Grâce à cet appui, la petite émigration du faubourg Saint-Marceau put vivre paisiblement de 1805 à 1818.

Durant ce laps de temps, deux événements importants étaient survenus. Claude avait passé de vie à trépas, et le Paraclet ayant atteint sa vingtième année, s'était marié (janvier 1812).

Bien qu'il ait eu sept frères et sœurs, au faubourg Saint-Marceau, à Corbeil, à Fareins, on continuait à l'accepter comme Dieu, sans difficulté.

Il y a aux archives de Trévoux, des documents attestant l'existence de ce culte. Ce sont des lettres échangées entre le maire de Fareins et le sous-préfet de Trévoux en 1816. Elles établissent qu'en 1814, Claude Goiffon, « homme d'ailleurs d'une probité à toute épreuve, mais de la secte des illuminés de Fareins dont les principes sont opposés au gouvernement du Roi, avait affermé ses biens et était allé adorer le Paraclet. »

Ce même Goiffon devient en 1816, l'intermédiaire actif d'Elie Bonjour avec le groupe qui persévère à Fareins. La police de la Restauration arrête Goiffon à Besançon et le maire de Fareins propose au sous-préfet de traiter la secte « comme société défendue par les lois. »

En 1818, à l'époque où l'on put fonder en France la Société biblique protestante, la colonie fareiniste risque de revenir se fixer à Paris.

C'est à ce moment que François Bonjour laisse orphelins les huit enfants que Claudine lui a donnés.

Celle-ci qui pour les croyants, reste « l'épouse divine, la mère du Paraclet, troisième personne de la Trinité », meurt 15 ans plus tard, à Paris, le 11 mai 1834.

Quant à la Fanfan, nous la voyons toujours fidèle aux Bonjour qu'elle voulut servir jusqu'à sa mort, survenue en 1841. Elle avait donné, à François, une double preuve de sa fécondité, une fille et un fils.

La fille mourut en naissant, ainsi que nous l'avons dit. Le fils, resté attaché à son frère consanguin (Elie) est mort à Ribemont en 1868.

III

On a peu de chose à dire sur Elie Bonjour. Il paraît, cependant, avoir abdiqué de bonne heure tout prétexte à la divinité et s'être résigné à rester prosaïquement un homme.

On le voit, en effet, acheter, vers 1860, l'ancienne abbaye Saint-Nicolas de Ribemont, pour y fonder une manufacture de tissus considérable dont sa maison de Paris plaçait les produits.

Très populaire dans son quartier, la 6e légion de la Garde nationale l'avait choisi pour son colonel, et le roi Louis-Philippe en avait fait un chevalier de la Légion d'honneur.

Il est mort à Ribemont, le 4 septembre 1866, entouré de l'estime publique et nulle part sa mémoire n'est restée plus respectée que dans son dernier pays d'adoption (1).

Avant la mort d'Elie, en 1854, un de ses fils encore vivant, M. Jules Bonjour avait trouvé bon de se séparer de ceux qu'il appelait « les tenants de la prétendue religion de son aïeul et de son père. »

Vingt ans plus tard, en 1874, sachant que les Dominicains avec qui il était en rapport, essayaient de ramener au catholicisme les jansénistes de Fareins, M. Jules Bonjour leur vint en aide dans une lettre rendue publique. Il y déclare qu'à ses yeux, la mort de son père a porté le dernier coup à l'hérésie et

(1) Voir *Appendice*.

que ses frères et sœurs restés attachés à ce qu'il appellent le jansénisme, ne sont en réalité que des protestants...

IV

Les Fareinistes entourent leur culte d'un secret absolu. Ce culte consiste en certains rites fort simples à trois époques solennelles de la vie, naissance, mariage, mort, et en prières communes dites dans des *chambres,* non toujours les mêmes, pour plus de mystère.

Ils n'eurent pas de rituel proprement dit. Leur Livre n'est qu'un recueil de cantiques composés pour le plus grand nombre, par François Bonjour. Ce recueil de 147 pages est resté manuscrit et contient 44 morceaux d'une poésie vulgaire lourdement imitée des psaumes.

En voici quelques-uns qui suffiront pour donner une idée de l'ensemble :

Apostrophe au « Dieu d'Amour »

Venez, fils de Marie
Secourir vos prédestinés
Ils sont à l'agonie,
Venez, venez, venez !
Quand vous viendrez dans ces bas lieux
Nous vous verrons victorieux
Fermer l'enfer, ouvrir les cieux.
Nous l'attendons sans cesse :
Vos prophètes l'ont annoncé,
Tenez votre promesse,
Venez, venez, venez !

Cantique adressé à l'Épouse (Claudine Fanfan).

Pour toi ma flamme est si vive
Que mon supplice est affreux
Quand Dieu permet que je vive
Un instant loin de tes yeux.

Si tu pouvais, chère épouse,
Aimer autrement que moi,
Bientôt mon âme jalouse
Voudrait aimer comme toi :
Mais puisque l'amour suprême
De nous deux ne fait qu'un cœur,
A tel degré que l'un aime,
L'autre sent la même ardeur.

Chant sur la ruine de Port-Royal :

Auguste et saint asile où le Dieu de nos pères
Se conservait encor quelques adorateurs,
Nous allons visiter vos débris solitaires
Et les arroser de nos pleurs.
Peuple ingrat ! Que de vierges pures,
De saints à ton Dieu consacrés,
Se sont vus, sans aucuns murmures,
Arracher de ces lieux sacrés...
Trop contents d'être les victimes
De leur amour pour Jésus-Christ,
Ils t'ont pardonné tous tes crimes ;
Dieu seul s'en souvient aujourd'hui !

Ces derniers vers mal rimés, mais d'une assez belle allure, sont datés de Tanlay où François Bonjour était exilé.

Le cantique suivant, écrit en 1805 (n° 34 du recueil), fut considéré par la police comme un outrage à la personne de l'Empereur et un appel à la révolte. On y lit, en effet, le passage suivant qui détermina les poursuites :

Braves soldats de Jésus-Christ,
Elie au combat vous appelle...
Le sein gonflé d'un noir poison,
La Bête a monté sur son trône.
Du crime et de la trahison
Le voile sanglant l'environne :

Devenus prêtres de Baal,
De Jésus les lâches ministres
Presque tous, du monstre infernal
Ont suivi les ordres sinistres,
Marchons ! Marchons ! Dans nos transports
Bravons et le fer et la flamme,
A l'ennemi livrons nos corps,
Elie aura soin de nos âmes.

Les Bonjour faisaient donc de Bonaparte sacré et couronné, la *Bête*, comme les curés espagnols et les popes russes en firent plus tard l'*Antechrist.*

« Elie devait tuer la *Bête...* » La police ne pouvait laisser passer d'aussi violentes provocations ; mais bien avisé, le grand juge Régnier comprit que faire un procès, c'était afficher qu'on avait peur d'un enfant érigé et stylé en Bon Dieu par un curé de campagne en rupture de vœux, une femme hystérique et quelques ouvriers fanatisés et à moitié fous; il comprit que ç'eût été prêter à rire *Urbi et Orbi*, à la ville moqueuse et à l'Europe ennemie, et se contenta d'expulser purement et simplement les Bonjour, leurs proches et leur Dieu, du territoire français (1). »

V

En résumé, le Fareinisme apparaît en 1775, avec les prédications de Claude Bonjour.

En 1791, les adeptes du nouveau culte sont en majorité dans leur commune peuplée d'un peu plus d'un millier d'habitants ; en 1831, au dire du curé d'alors, ils pouvaient bien être six cents sur une population double ; en 1859, ils sont réduits à cinq cents

(1) LE FAREINISME... *Bourg*, 1881.

pour bientôt descendre à quatre cents. On assure que les fareinistes sont encore une centaine à Paris et peut-être un peu plus à Fareins.

Enfin à Lausanne où il en resta, on a imprimé, en 1869, une brochure intitulée : « Le grand Elie divin qui vient *rétablir toutes choses*. Avis démonstratif, fatidique, adressé à tous ceux qui croient aux Saintes Ecritures, par Jean du Loir. »

Cette pièce ayant été l'objet d'une réfutation en règle de la part du journal l'*Univers*, on peut en conclure qu'elle produisit une certaine impression et que la mort d'Elie n'avait pas porté le dernier coup à la secte.

Mais depuis, le temps a marché et le Fareinisme, après avoir langui dès le premier essort, et jeté çà et là des pousses sans vigueur, n'existe plus aujourd'hui qu'à l'état de légende.

LES COMMENTAIRES

DE LA

GUERRE GALLIQUE

LES COMMENTAIRES DE LA GUERRE GALLIQUE

La Société des Bibliophiles François vient de terminer la belle publication des *Commentaires de la Guerre Gallique* (1), que, sur l'initiative de son président d'honneur, M. le duc d'Aumale, elle a entreprise, il y a trois ans, en décidant de reproduire en fac-simile les trois volumes de cet ouvrage, restés manuscrits jusqu'à ce jour, et qui se trouvent chacun dans une collection différente, le premier à Londres, au British

(1) Les COMMENTAIRES DE LA GUERRE GALLIQUE, manuscrit du XVIe siècle, reproduit en fac-simile, par les soins de la Société des Bibliophiles françois. Paris, 1894-97, 3 vol. in-8.

Museum ; le second à la Bibliothèque Nationale, et le troisième au château de Chantilly.

L'histoire de ce livre, un des plus précieux monuments de l'art du miniaturiste au XVIe siècle, se résume en quelques mots :

« Quatre ans après la bataille de Marignan, dit le regretté baron du Noyer de Noirmont, dans la préface qu'il a écrite en tête du premier volume, « le vainqueur des « *Souyces* » se souvint que, quinze siècles et demi environ avant lui, le grand Jules César avait vaincu les mêmes peuples et raconté sa première campagne des Gaules en un livre immortel. Voulant le lire plus à son loisir, il commanda qu'on lui mît en bon français ce premier livre des *Commentaires*. »

Albert Pighe, de Campen, en Hollande (1), qui travaillait sous la direction de François du Moulin, ancien précepteur du roi François Ier, devenu son aumônier, reçut la mission de rédiger le texte et Godefroy le Hollandais (*Godofredus Batavus*) fut chargé de le décorer de miniatures.

Disons tout de suite que si intéressant que puisse être le récit de l'écrivain, c'est l'artiste qui tient ici la première place.

Pighe faisant appel au merveilleux, suppose que François Ier, *au commencement du moys d'Auguste, l'an 1519, allant courir le cerf en la fourest de la Byevre*, y fait la rencontre de César. De là, il établit un dialogue entre les deux personnages.

François Ier s'enquiert des circonstances de la guerre des Gaules, et César lui en donne les détails tels qu'ils ont été écrits par lui-même. Le récit est mêlé de digressions philosophiques, historiques et politiques, et de nombreuses allusions au « noble

(1) Savant mathématicien, ami d'Esrasme, né vers 1490 et mort en 1552.

art de la Vénerie » que le roi pratiquait avec une ardeur telle qu'il avait reçu de ses partisans le titre de « Père des Veneurs », titre dont il n'était pas moins fier que de celui de « Père des Lettres » que lui avaient décerné les savants et les littérateurs.

C'est ainsi qu'en tête du second volume, une des miniatures les plus réussies du livre, nous le montre en « robe » de chasse, ayant auprès de lui son veneur favori *Perot* et les chiens de tête de sa meute, courant un cerf sous les ombrages de la forêt de Fontainebleau. Les chiens, que Perot appuie du son de sa trompe, ont été choisis « parce qu'ils sont plus seurs que les aultres. » Ils s'appellent *Gaillart, Gallehaut, gentil Rameau, Arbault, Gerfaut, Billehault,* « et sont de la nature des bons serviteurs, car par terre et par eau, en change et hors change, ils font si bien leur mestier qu'on ne les sauroit reprendre... » (1).

Le roi « courant à bride avallée », se trouve en présence de la chaste déesse Diane « montée sur ung cheval libyque, moult gorgiasement abillée. Son manteau estoit de couleur céleste et la cote de toyle d'or si ault troussée que par dessoubs on pouvoit voyr sa blanche et polie greue (jambe) couverte de cothurne vermeil à la manière musaïque (2), et ses cheveulx ventillans et dorez clarifioient les umbres de la fourest par leur beauté et spéciale claritude.

« Aurora la precedoyt et portoit le iour pur et net en ung chariot de margarites et de roses... » (Cette prose d'un *mathématicien* est-elle assez jolie !)

Guidé par Diane, François Ier rejoint près de Fontainebleau,

(1) Du Noyer de Noirmont : *Aperçu historique* servant de préface aux *Commentaires de la Guerre Gallique.*

(2) Haut brodequin semblable à celui que les peintres de la Renaissance attribuaient aux *Muses.*

ses chiens qui chassaient « mieux que davant », et se trouve le premier à la mort du cerf. La scène est rendue par Godefroy d'une façon saisissante : le roi est représenté, à pied, daguant le cerf qui tient les abois dans une mare; un des deux chiens a sauté sur la croupe de la bête que l'autre attaque en flanc. Cette jolie peinture est la dernière du tome II.

Chaque volume est la paraphrase d'un des trois premiers livre des *Commentaires de César :* le tome premier prend fin, lorsque César a raconté la défaite d'Arioviste; le second contient la guerre de Belgique et l'expédition de Crassus en Armorique; dans le tome trois, César raconte les combats de son lieutenant Galba contre les montagnards des Alpes, l'insurrection des Vénètes, la grande victoire navale et l'expédition contre les « Morines et Menapies. » Après quoi « César se disparut. »

L'écriture de ces trois volumes est très belle et paraît être de l'un des meilleurs calligraphes de l'époque de François Ier; beaucoup de mots sont en or et en azur.

Les miniatures très nombreuses (on en compte 14 dans le tome I, 58 dans le tome II, — dont quatorze figures d'engins ou machines de guerre, — et 12 dans le tome III), sont des camaïeux en grisaille, d'une délicatesse infinie, rehaussés de détails en or et en couleurs. L'effet en est original et charmant. Ces petites peintures de quelques pouces carrés, portent en elles un si grand caractère au point de vue de la composition et du dessin, qu'elles appellent à la pensée, dit M. de Noirmont, les noms de Donatello, d'Holbein et de Lucas de Leyde.

Sans aller jusque là, disons simplement que toutes ces miniatures sont des plus intéressantes et que quelques-unes sont des œuvres d'un art achevé.

« Elles combinent les vieilles traditions des miniaturistes avec les enseignements nouveaux de la Renaissance, écrit avec beaucoup d'à propos notre très distingué publiciste saint-quentinois, M. Élie Fleury, dans le compte-rendu de cette publication (1), « les gestes sont toujours sobres et vrais avec çà et là des réminiscences de l'antique... Les paysages à peine indiqués ont des profondeurs mystérieuses. Les scènes les plus compliquées s'ordonnent ingénieusement et, ainsi, grâce au talent d'un artiste de premier ordre, ces petits tableaux de quelques centimètres à peine, arrivent à produire parfois une impression d'imposante grandeur. »

Les costumes attribués par Godefroy à César, à ses guerriers et à ses adversaires, sont un mélange des costumes romains, comme les comprenait la Renaissance, et des costumes italiens des premières années du XVIe siècle.

Au folio XX du tome II, se trouve un Christ en croix du plus beau style italien, signé de Godefroy, et qu'on pourrait fort bien attribuer à Mantegna (2).

Ce qui ajoute encore au tome II un prix tout particulier, ce sont les portraits que, sous les noms des lieutenants de César, le vainqueur de Marignan a fait peindre de ses plus illustres compagnons d'armes. Les noms romains sont écrits à côté des portraits, les noms véritables ont été tracés au-dessous, mais un

(1) *Journal de Saint-Quentin et de l'Aisne*, 6 mars 1896.

(2) L'apparition fort inattendue d'un Christ dans les *Commentaires de la Guerre Gallique*, s'explique par les paroles suivantes échangées entre le roi de France et César :

« Après avoir dit que l'empire est entre les mains de Dieu, César répond au roi qui lui demande s'il connait ce Dieu et si c'est « Jesus-Christ, son seigneur et Maistre :

« C'est luy sans aultre, et plus heureux que moy sont ceux qui ont été prédestinés à vivre sous sa loy. »

Ce singulier dialogue a servi de prétexte à Godefroy pour exécuter ce beau Christ qui, malgré ses minimes proportions, a la valeur d'un grand tableau.

peu plus tard et par une main différente. Ils sont au nombre de sept : « Le grand-maistre de *Boisy*, âgé de 41 ans; l'admiral de Boisy, seigneur de *Bonivet*, âgé de 34 ans; *Odet de Foues* (Foix), sieur de *Lautrec*, âgé de 41 ans; le mareschal de *Chabanes*, seigneur *de la Palice*, âgé de 57 ans; *Anne de Montmorency*, âgé de 22 ans, et depuis connestable de France, le mareschal de *Fleuranges*, seigneur de la Marche, premier seigneur de Sedan, âgé de 24 ans; le sieur *Tournon*, qui fust tué à la bataille de Pavie, âgé de 36 ans. »

Ces portraits-médaillons exécutés sur fond bleu, avec un travail de sépia qui exprime le modelé avec beaucoup de délicatesse, ont été attribués par M. de La Borde à l'auteur des miniatures, tandis que M. H. Bouchot, conservateur au Cabinet des Estampes, croit y reconnaître la main de Jehanet Clouet. Je suis de l'avis de mon ami, le baron Roger Portalis, qui a trouvé le moyen de mettre les deux savants d'accord, en disant simplement « que ces portraits ont pu être copiés par le miniaturiste sur les crayons du célèbre artiste ».

Maintenant, par quelles vicissitudes ont passé ces trois précieux volumes et comment ont-ils été séparés ?

J'ai dit, ailleurs (1), que la Bibliothèque des derniers Valois, transportée de Fontainebleau à Paris, sous le règne de Charles IX, avait eu beaucoup à souffrir des tumultes de la Ligue. Un grand nombre de manuscrits et de livres de grande valeur furent vendus à l'encan devant l'Hôtel-de-Ville; d'autres furent détournés et, s'il faut en croire Scaliger, le président Barnabé Brisson aurait eu chez lui bon nombre de livres du roi que sa veuve aurait vendus « pour un morceau de pain ». De plus, si nous nous en rapportons à Gosselin, alors

(1) *La Bibliothèque de Fontainebleau et les livres des derniers Valois à la Bibliothèque Nationale*, aperçu historique, pp. 39 et suiv.

garde de la Librairie, de graves tentatives auraient été faites pour envahir la Bibliothèque royale. Deux ligueurs forcenés, Guillaume Rose, évêque de Senlis, et le Sr Pigenat, docteur en Sorbonne, essayèrent de s'en emparer. Un peu plus tard, ce fut le tour de deux maîtres des comptes, Joelmy et Dupré. Gosselin, alors âgé de quatre-vingt-dix ans, ne fit aucune résistance et se retira « en ayant soin, avant son départ, de très bien fermer les portes de la librairie, avec une bonne serrure et un bon cadenas, et, par dedans, une forte barre, ce qui n'empêcha pas le président de Nully de pénétrer par effraction dans la Bibliothèque royale et de s'en emparer pour ne la rendre que trois ans après, « à la fin du mois de mars, en l'an 1594. »

Tout fait donc supposer que les *Commentaires de la Guerre Gallique* furent emportés, comme tant d'autres livres précieux, dans la tourmente.

« Le tome I reparaît peu de temps après la dispersion des trois volumes, dans la Bibliothèque de Christophe Justel, conseiller et secrétaire du Roy, ainsi que nous l'apprend une note écrite au recto du premier feuillet. (*Biblitohecæ Christophori Iustelli*).

« Christophe Justel étant mort en 1649, son fils Henri Justel, savant jurisconsulte, hérita de la charge de secrétaire du roi et conserva la bibliothèque ; mais quelque temps avant la révocation de l'Édit de Nantes, Henri Justel, qui appartenait à la religion réformée, prévoyant l'orage qui menaçait sa foi, passa en Angleterre avec ses livres et ses manuscrits. Il devint bibliothécaire du roi d'Angleterre Guillaume III, et mourut en 1698.

« Après lui, le tome premier fit partie de la bibliothèque de lord Harley, et entra, après la mort de ce dernier, avec la collection Harleienne, au *British Museum*, où il est encore.

« Le deuxième volume est arrivé aux mains de M. Van Praët, d'une source inconnue. Il était la propriété des frères de Bure, les grands libraires du dernier siècle, qui l'ont légué à la Bibliothèque nationale, en 1852.

« Le troisième était la propriété d'un Tourangeau qui, après l'avoir gardé 40 ans dans son armoire, le donna au colonel de La Combe, l'ami et l'éditeur de Charlet, sans dire d'où il lui était venu. Il fut acheté par le libraire Techener qui l'a revendu, en 1854, à M. le duc d'Aumale. Il est maintenant un des joyaux de la Bibliothèque de Chantilly (1). »

C'est à la réunion de ces trois précieux volumes dont les originaux resteront sans doute à jamais séparés, et à la reconstruction de l'œuvre dans son ensemble, que la Société des Bibliophiles françois, ne reculant devant aucun sacrifice (la dépense s'élève à plus de trente mille francs), a consacré tous ses efforts, sous la surveillance et la direction de son président, M. G. de Villeneuve. On peut affirmer qu'elle y a pleinement réussi.

L'éditeur Boussod dont les excellents procédés d'héliogravure sont depuis longtemps connus et appréciés des amateurs les plus difficiles, a prouvé, une fois de plus, que tout était possible avec les progrès de la science, et les résultats qu'il a obtenus ne laissent rien à désirer.

Secondé par deux miniaturistes de talent, MM. Guerrier et Bénard, il a pu, à force de soins et d'exactitude, donner à cette reproduction l'illusion presque complète de la miniature originale.

Ce beau travail n'a été tiré qu'à 31 exemplaires : 29 pour les

(1) Du Noyer de Noirmont : *Aperçu historique* servant de préface aux *Commentaires*... pages XIII.

membres de la Société, un pour la Bibliothèque Nationale, un pour le *British Museum*. Il fera grand honneur aux *Bibliophiles françois;* mais n'est-il pas regrettable, comme le dit M. Roger Portalis (1), qu'ils se soient montrés si égoïstes et qu'ils aient conservé pour eux seuls la jouissance de ce bijou de l'art de la Renaissance ?

(1) *Bulletin du Bibliophile*, mars 1897.

LA BIBLIOTHÈQUE SECRÈTE

DE

MADAME DE VERRUE

L'ÉTAT DE SA VAISSELLE D'ARGENT

ET

LE PARTAGE DE SON TABAC

LA BIBLIOTHÈQUE SECRÈTE DE MADAME DE VERRUE

L'ÉTAT DE SA VAISSELLE D'ARGENT ET LE PARTAGE DE SON TABAC (1)

Femme d'esprit et de plaisir, Jeanne-Baptiste d'Albert de Luynes, comtesse de Verrue, promit dès ses premières années, tout ce que plus tard elle devait tenir.

Blonde, le teint éclatant de blancheur et légèrement rosé, les

(1) Ces documents, jusqu'alors inédits, ont paru dans *les Femmes bibliophiles de France aux XVIe, XVIIe et XVIIIe siècles* (tome Ier, pages 420 et suiv.)

Nous cédons au désir qui nous a été exprimé par un grand nombre d'amateurs en les publiant de nouveau dans ce recueil.

10

yeux bleu foncé, grands et bien fendus, la figure régulière et d'un joli ovale un peu allongé, la taille élancée et bien prise, la gorge bien taillée, le nez droit, la bouche petite avec des lèvres sensuelles, la voilà telle que nous la représente un portrait du temps (1).

Esprit plein de finesse, elle apprit très vite tout ce qu'on voulut et devina trop tôt ce qu'on ne voulut pas lui apprendre. Assemblage étrange de qualités brillantes et de défauts charmants, mais tête vive et désordonnée, elle n'obéit qu'à ses caprices, et ne négligea rien pour faire ce qu'elle a appelé « *son paradis en ce monde* ».

Passionnée pour les arts, elle ne s'arrêta pas à la satisfaction d'un goût unique et posséda dans tous les genres, et surtout en tableaux et en livres, des collections fort remarquables.

La bibliothèque répandue dans de belles armoires « en marqueterie écaille et cuivre, les volets garnis de rideaux de taffetas vert, le dessus couvert de marbre », comprenait près de 3,000 articles embrassant toutes les catégories, depuis la théologie jusqu'à l'histoire.

Ce fut le libraire Gabriel Martin qui en dressa le catalogue, après le décès de la comtesse ; mais il eut soin d'en exclure un lot assez considérable d'ouvrages par la raison que quelques-uns, traitant de querelles religieuses, avaient été condamnés par arrêt du Parlement, et que les autres atteignaient les dernières limites de la galanterie.

Nous en avons retrouvé aux Archives nationales (liasse Y, y, 19,502) la liste complète et le lecteur n'y verra pas sans étonnement, à côté du *Parnasse satirique*, de Théophile, et du *Rut*, de Corneille Blessebois, les *Entretiens d'Aloysia ou l'Académie des*

(1) V. Appendice.

Dames, le *nec plus ultra* du naturalisme aphrodisiaque de l'époque, reliés en maroquin, aux armes accolées des Verrue et des Luynes !...

LIVRES MANUSCRITS ET IMPRIMÉS

PORTÉS SUR L'INVENTAIRE DES OBJETS MOBILIERS

DE Mme DE VERRUE

ET QUI N'ONT PAS ÉTÉ VENDUS.

(ORTHOGRAPHE DU TEMPS)

MANUSCRITS :

1. **JOURNAL DE LA COUR**, par M. Dangeau, 12 vol. in-fol. reliés en basane.

   Ce journal du marquis de Dangeau va de 1684 à 1720 et se trouve encore aujourd'hui entre les mains de la famille de Luynes.

2. **LES LETTRES EN VERS A MADAME DE LONGUEVILLE**, par Loret, 1650. Ms. sur papier. Pet. in-4 (aux armes et au chiffre de Fouquet).

   Exemplaire sur lequel Mme de Verrue a fait mettre son chiffre et qui a passé, en dernier lieu, dans la bibliothèque du baron James de Rothschild.

3. **RECUEIL DE CHANSONS.** 7 vol. in-4, veau marbré.

4. **VAUDEVILLES ET CHANSONS.** 1 vol. in-folio couvert de papier marbré.

5. HISTOIRE DES FINANCES PENDANT LA RÉGENCE DE 1715. In-folio, basane.

6. MÉMOIRES DE DIFFÉRENTES CHOSES QUE M'A CONTÉES L'ARCHEVÊQUE D'AIX, avec divers traités. In-fol., veau.

7. TRAITÉ SUR LE COMMERCE DE CHAQUE PROVINCE DE FRANCE. 2 vol. in-4, veau.

8. LES MOINES, comédie, 1 vol. in-4, veau.

9. ESTAT ABRÉGÉ DE LA RECEPTE ET DÉPENCE DU ROY. 1 vol. in-4, veau.

LIVRES IMPRIMÉS :

10. LA CLEF DU SANCTUAIRE ou traduction de Spinosa. In-12, veau.

La traduction de cet ouvrage qui fit crier à l'athéisme, est du chevalier de Saint-Glain et fut imprimée à Leyde, chez Pierre Warnaeer. Elle fit tant de bruit à son apparition qu'on fut obligé d'en changer plusieurs fois le titre.

11. LETTRES PROVINCIALES. 2 vol. in-12, mar. Probablement l'édition de Nicolas Schouten (*Cologne*, 1700).

12. LETTRES PROVINCIALES. in-12, mar. bleu, *Cologne, Nicolas Schouten*, 1685.

13. LETTRES PHILOSOPHIQUES DE VOLTAIRE. In-12, veau.

Ces lettres *philosophiques* sont les mêmes que les *Lettres anglaises* qu'un arrêt du Parlement du 10 juin 1735 condamna à être brûlées et qui obligèrent leur auteur à fuir en Lorraine, puis à Bâle, pour venir s'établir ensuite à Cirey, chez Mme du Châtelet, sa maîtresse, auprès de laquelle il passa plusieurs années.

14. Les Princesses Malabarres. In-12, veau.

Livre condamné à être brûlé par arrêt du Parlement du 31 décembre 1734.

15. Les amours de Grégoire VII avec la vie d'Olympia. In-12, mar. rouge.

16. L'Abbé a sa toilette. In-12, veau.

Satire contre le cardinal de La Trémoïlle. Petit volume imprimé en Hollande (*à la Sphère*), en 1717.

17. Les amours de Sainfroy, jésuite, et d'Eulalie, fille dévote. In-12, veau.

Récit *très imagé* des amours du Père Girard et de La Cadière.

18. Ruses d'amour. In-12, veau.

Il s'agit probablement des *Sagettes et Ruses d'amour,* discours où est monstré le vray moyen de faire les approches et entrer aux plus fortes places de son empire. *A Paris, chez Anth. du Breuil,* 1599. Petit volume de toute rareté qui a été récemment réimprimé.

19. La Galanterie monacale. In-12, veau.

Le titre de ce petit volume doit être rétabli d'une façon plus suggestive : « Galanterie monacale ou Conversations familières des moines et moinesses. » *Imprimé à Neuchatel, chez l'amant oisif.* Nodier en possédait un exemplaire qui fut vendu 40 fr. en 1829.

20. Vénus dans le cloître. In-12, figures, mar. bleu.

Vénus dans le Cloître ou la *Religieuse en chemise,* est un ouvrage érotique, attribué à l'abbé Du Rat et qui a été réimprimé sous le titre : *Les Délices du Cloître ou la Religieuse éclairée.*

21. Le Capucin démasqué et autres pièces. In-12, veau.

Même ouvrage que le précédent, sous un autre titre.

22. Les Entretiens de la Grille et autres pièces. In-12, veau (*Cologne*, 1682 ou 1721).

Dialogue entre un jeune moine et deux nonnettes à travers la grille d'un couvent. Ces *entretiens* mêlés de vers et d'une rare indécence, ne sont qu'une reproduction abrégée de la *Galanterie monacale.*

23. TANZAÏ ET NÉADARNÉ, histoire japonaise. 2 vol. in-12, fig., mar.

Nous n'avons pas à insister sur ce petit livre qui se trouve entre les mains de tous les bibliophiles. Nous ferons seulement remarquer qu'il dut avoir un grand succès de scandale, car nous le retrouvons dans presque toutes les bibliothèques de l'époque.

24. TANZAÏ ET NÉADARNÉ. 2 vol. in-12, fig., veau.

Autre exemplaire.

25. ALOISIA OU L'ACADÉMIE DES DAMES. In-12, mar. bleu.

Traduction libre, — *très libre*, — du Meursius. Voilons-nous la face et passons...

26. L'ÉLITE DES POÉSIES HÉROÏQUES ET GAILLARDES. *S. L.*, 1693. In-12, veau.

« C'est dans ce recueil que se trouvent l'*Occasion perdue recouvrée*, de Cantenac, mais attribuée à Pierre Corneille; *les Yeux de Philis changés en astres*, de l'abbé de Cerisy, et différentes petites pièces, rondeaux, chansons, épigrammes, souvent fort libres et qui doivent faire ranger ce volume, à côté du *Parnasse* et du *Cabinet satiriques*, dans la classe des poésies sotadiques. » (Viollet-Leduc).

27. TABLEAU DE L'AMOUR. 2 vol. in 12, veau.

Est-ce le *Tableau de l'Amour conjugal* de Venette, dont la 1re édition est de 1687 et qui a été tant de fois réimprimé ?

28. LES LIBERTINS EN CAMPAGNE. Mémoires tirés du père de la Joie, aumônier de la reine d'Yvetot, avec les Intrigues parisiennes. In-12, veau.

Écrit fort libre paru en 1710 et que l'éditeur Gay a réimprimé récemment sans que le besoin s'en fît sentir.

29. LES AVENTURES DE POMPONIUS, ou l'histoire de notre temps (la régence du duc d'Orléans, par Labadie, publiée par l'abbé Prévost). In-12, veau.

30. INTRIGUES GALANTES DE LA COUR DE FRANCE, depuis le commencement de la monarchie. In-12, veau.

31. LES AMOURS DE HENRI IV et autres pièces. In-12, mar. citron.

Joli recueil attribué à Louise-Marguerite de Lorraine, princesse de Conti, et imprimé sous la rubrique : *Leyde*, *Jean Sambix* (*Bruxelles, Fr. Foppens*), en 1663.

32. HISTOIRE AMOUREUSE DE FRANCE, de Bussy-Rabutin. In-12, veau.

33. AMOURS DES DAMES ILLUSTRES DE NOTRE SIÈCLE. In-12, mar. bleu.

34. LE MÊME LIVRE augmenté. 2 vol. in-12, veau.

35. L'ESPRIT FAMILIER DE TRIANON, ou l'apparition de la duchesse de Fontange, contenant les secrets de ses amours et les particularités de son empoisonnement et de sa mort.

Relation imprimée à Cologne en 1695 et à Paris, 1695 et s. d.

36. LES AMOURS DE LOUIS-LE-GRAND ET DE MADEMOISELLE DU TRON. In-12, veau.

« Cette petite pièce où Mme de Maintenon est fort maltraitée, serait, dit-on, d'un nommé Bontemps, premier valet de chambre du roi et oncle de Mlle du Tron. Louis XIV y joue un assez sot rôle en donnant à Mlle du Tron dont il est amoureux, des preuves réitérées de sa faiblesse physique. » (Voir *Anecdotes dramatiques*, tome III, page 301).

37. LE TAUREAU BANAL DE PARIS. In-12, veau.

Petit roman satirique dont le héros est le comte de Montrevel, un des courtisans de Philippe, duc d'Orléans, frère de Louis XIV, et dans lequel on voit figurer également le beau chevalier de Lorraine, le grand favori du prince.

38. LES AMANTS HEUREUX. In-12, veau.

39. LA CHASSE AU LOUP DE M. LE DAUPHIN. In-12, veau.

40. LES CONTES DE LA FONTAINE, avec figures. 2 vol. in-8, mar. (sans indication de couleur.)

Mme de Verrue étant décédée en 1736, cette édition ne peut être que celle qui fut imprimée à Amsterdam, en 1685, avec les figures de Romain de Hooge, ou l'une de ses réimpressions.

41. Les mêmes. 2 vol. in-12, veau.

42. Les Contes de La Fontaine. In-12, mar. vert.

43. Les mêmes. In-12, veau.

44. Lettres de l'abbé Montgon. In-12, veau.

L'abbé Charles-Alexandre de Montgon était l'agent de Philippe V, en France. Il a laissé des lettres qui ont paru en 1732, en un vol. in-12, et des Mémoires qui ont été imprimés en 1742, en 5 vol. in-12.

45. Lettres juives. 3 vol. in-12, brochés.

46. Catéchisme des Jésuites et autres pièces. 2 vol. in-12, veau.

47. Enluminures de l'Almanach des Jésuites. In-8, broché.

Pamphlet de plusieurs milliers de vers dont l'auteur est Lemaistre de Sacy et qui parut pour la première fois en 1654.

48. Discours aux Grands de Pologne sur la nécessité de faire sortir les Jésuites de ce royaume. In-8, broché.

49. Relation du quiétisme en France. 2 vol. in-12, veau.

50. Réponse du cardinal de Noailles au Mémoire du Roy, et autres pièces. In-12, mar. bleu.

51. Catéchisme sur les promesses faites a l'Église au sujet de la Bulle. In-12, veau.

52. Anecdotes sur la Constitution *(Unigenitus)*. 3 vol. in-12, veau (Paris, 1730, par M. de Villefore).

53. Essai du nouveau Conte de ma mère l'Oye, ou le Jeu de la Constitution. In-8, veau.

54. Dom Roméo d'Alète. In-12, veau.

55. LE PARNASSE SATYRIQUE DE THÉOPHILE. In-12, mar. bleu.

Probablement l'édition elzévirienne.

56. RELATION DE LA COUR DE SAVOYE, OU LES AMOURS DE MADAME, avec plusieurs autres pièces galantes. In-12, mar. bleu.

57. LES AMOURS DE MESSALINE et autres pièces. In-12, mar. rouge.

58. L'AMBIGU D'AUTEUIL, ou Vérités historiques, etc. Paris, 1709. POLISSONNIANA, ou Recueil de turlupinades, etc. *Amsterdam*, 1725, ensemble 1 vol. in-12. veau fauve.

Empressons-nous de dire que ce *Polissonniana* ne répond pas aux *promesses* de son titre. C'est le plus court des recueils de ce genre et peut-être le plus innocent de la famille.

59. PROCÈS DU PÈRE GIRARD ET DE LA DEMOISELLE CADIÈRE. 4 vol. in-12, fig., mar.

60. ANECDOTES SUR LES AFFAIRES DE LA CHINE. In-12, veau.

61. ÉTRENNES JANSÉNISTES. In-24, veau.

62. LE PASSE-TEMPS ROYAL DE VERSAILLES AVEC SCARRON. Opéra. A Madame de Maintenon. In-12, veau.

63. ACADÉMIE GALANTE. *A Paris, chez C. Blageart*, 1682. — Les différents caractères de l'amour. *A Paris*, chez Blageart, 1685. — Ensemble deux ouvrages en 1 vol. in-12, mar. bleu, fil., dos orné, tr. dor., armes.

Ce volume a appartenu à Jules Janin qui a écrit sur le premier feuillet de garde les lignes suivantes :

« *Mars 1849.*

« Ce petit volume n'a paru dans aucune des ventes de ces six derniers mois, féconds en naufrages. *Il a été rencontré sur la toilette de* ROSALINDE, *entre un pot de fard et un flacon d'eau de Portugal. Le destin des livres !...* »

64. LE PRATICIEN AMOUREUX, LE POËTE EXTRAVAGANT, AVEC L'ASSEMBLÉE DES FILOUX ET DES FILLES DE JOIE. *Paris, J.-B. Loyson*, 1670. Deux tomes en 1 vol. in-12, mar. bleu.

65. LES PRIVILÈGES DU COCUAGE, ouvrage utile tant aux cornards d'autrefois qu'aux C... en herbe. *Imprimé en 1722;* sans indication de reliure.

Dialogue entre un jaloux et un mari qui n'a plus rien à craindre et en a pris son parti.

66. LES AMANTS HEUREUX, MALHEUREUX ET TROMPÉS, histoires galantes. — Histoire galante d'un double C... *Amsterdam*, 1703. In-12, mar. bleu.

Ce dernier ouvrage finit ainsi :

« *Des c.... le nombre est si grand*
« *Qu'il n'est rien de plus à la mode :*
« *D'abord qui dit mari, dit un homme commode,*
« *Et rarement on s'y méprend.* »

67. L'INCESTE INNOCENT OU LA MAUVAISE MÈRE, aventure galante. In-12, mar. rouge.

Petit roman de Desfontaines qui eut un certain succès et fut plus d'une fois réimprimé de 1638 à 1644.

68. LES ŒUVRES SATIRIQUES DE PIERRE CORNEILLE BLESSEBOIS. Leyde, 1676. Deux tomes en 1 vol. in-12, mar. bleu, fil., dos orné, tr. dor., armes.

Ce petit volume qui contient une série de pièces sur la nature desquelles il est inutile d'insister, porte les armes des Luynes seuls; mais il a fait partie de la bibliothèque de Mme de Verrue et a été compris, sans doute par inadvertance, dans le catalogue de sa vente, sous le no 209 de l'inventaire.

SUCCESSION

DE

MADAME LA COMTESSE DE VERRUE

Partage du Tabac

(ORTHOGRAPHE DU TEMPS)

On sait qu'au XVIIe siècle, la mode était de priser. Grands seigneurs et belles dames en abusaient, ce qui faisait dire à la princesse Palatine que « les femmes avaient le nez sale comme si elles l'avaient frotté dans la boue. » Madame de Verrue exagéra ce goût bizarre si peu en harmonie avec ses habitudes élégantes et sa délicate sensualité, en accumulant dans plus de soixante boîtes de grès, de faïence & de porcelaine, des tabacs de toutes qualités & de toutes provenances, qu'on retrouva dans sa succession et qui furent l'objet d'un partage dont nous reproduisons les détails, d'après un état conservé aux Archives : (1)

(1) *Liasse* Y. Z. 19.502 déjà citée.

Quatre pots de tabac pourri ou vieux livre portant la date de 1733.

Deux pots de vieux livre, 1736.

Un pot pourri, 1734.

Un pot du chevalier de Bavierre, 1717.

Un pot pourri ou vieux livre, 1734.

Un pot de Mme d'Egmont, 1733.

Un pot de vieux livre ou pourri, 1735.

Un pot de M. Ferniet, vieux livre, 1736.

Une boëte d'albatre remplie de tabac de M. Glucq.

Deux pots no 29.

Un pot du prince Eugène, 1734.

Un pot de M. Fontpertuis, 1736.

Deux pots no 9.

Cinq boëtes de ferblanc de tabac de Broussou (Brousse).

Trois boëtes de ferblanc remplies de tabacs inconnus.

Cinq boëtes et demi de plomb de tabac de gros Guillaume.

Deux boëtes de plomb de tabac de mossolina finissima (1), no 19.

Un pot de Madame la Duchesse.

Deux pots de tabac de Madame de Saint-Sulpice, nos 23 et 27.

Un pot de tabac de Madame de Carignan, 1731 (2).

Un pot de tabac de Madame de Busque, donné par M. Glucq.

Un pot de tabac de Destouches, no 330.

Neuf pots de différents tabacs inconnus.

Un pot de gretz rempli de tabac D. V. L., 1720.

Un pot de gretz rempli de tabac V. L. V. E., 1720.

Un pot à tabac de Monsieur Vanrobes.

Un pot à tabac du comte d'Hautefort.

Un pot de gretz rempli de tabacs inconnus.

Un pot de gretz rempli de tabac no 5.

(1) Sans doute le tabac dit de la *fine carotte*.

(2) Fille de Mme de Verrue et du duc de Savoie.

Deux petits pots de porcelène remplis de tabac du cardinal de Rohan (1).

Un pot de tabac de Fontenay (2).

Un pot de faïence rempli de tabac qui ressemble au D. M.

Deux hurnes de porcelène remplies de tabac de D. M.

Une autre hurne de porcelène rempli de tabac nº 2, 1720, comme celui de Madame la Duchesse.

Nota que peu des pots cy-dessus sont pleins, les autres sont en vuidange du tiers, de la moitié et quelques-uns des trois-quarts et plus.

(1) Armand-Gaston-Maximilien de Rohan, membre de l'Académie française, né le 26 juin 1674 et mort le 19 juillet 1749.

(2) Probablement Fontenay (Jean-Baptiste Blain de), peintre de fleurs et de natures mortes, que Louis XIV employa à Versailles, à Marly, à Compiègne et à Fontainebleau, et dont plusieurs tableaux furent exécutés en tapisserie, sur l'ordre du roi.

ÉTAT DE LA VAISSELLE D'ARGENT

DES INDES, D'ALLEMAGNE, ETC.

DE

MADAME LA COMTESSE DE VERRUE

A 40 LIVRES LE MARC

(ORTHOGRAPHE DU TEMPS)

Nos		Marcs	Onces	GROS	LIVRES
1	*Une bouilloire pesant*............	8	4	4	429
2	*Autre bouilloire*................	12	4	4	580
3	*Autre id*	7	5	4	384
4	*Autre id*	5	6	4	290
5	*Deux boëtes à sucre*	3	7	6	195
6	*Deux sceaux*....................	11	2		560
7	*Un pot*........................	5	7	4	290
8	*Deux theyères*..................	4	3	4	218
9	*Deux id*	6	5		250
10	*Deux bouteilles*................	4	5	4	225
11	*Une theyère*....................	2	7	4	120
12	*Une boëtte à thé*...............	2	3	4	105
13	*Quatre tasses et quatre soucoupes à ances*......................	3	7		180
14	*Quatre coquetiers*..............	3	4	4	160
15	*Deux boëttes et quatre passoires*....	1	4	2	53
16	*Deux theyères*..................	5	6	4	200
17	*Deux cornets*..................	7	4		340
18	*Deux* lisbais *(1) (lisbets)*........	7	5		350
19	*Deux theyères*..................	5	6	4	260
20	*Deux gobelets et soucoupes*.........	3	2	4	140
	A reporter.......				5.329

(1) On appelle *lisbet* un vase à grosse panse dont la forme est dégagée du pied et du collet.

Nos		Marcs	Onces	GROS	LIVRES
	Report..........				5.329
21	*Deux boëttes à thé*	2	3	7	100
22	*Deux id*	1	7	1	85
23	*Deux bouteilles*................	1	7	4	80
24	*Une hurne*....................	1		6	45
25	*Un moutardier*.................	1		4	40
26	*Une boëtte à sucre*...............	2	2	2	95
27	*Six marmittes*	3		2	125
28	*Deux roulleaux*	5			200
29	*Deux bouteilles*................	5	1		220
30	*Deux hurnes*	8	2		360
31	*Deux pots*....................	9	7		400
32	*Deux boëttes à sucre*	4	3		185
33	*Deux theyères*..................	4	1		180
34	*Trois gobelets et trois soucoupes*....	4	4	2	180
35	*Un bouquet*		7	4	40
36	*Deux theyères*..................	5	7	4	270
37	*Deux id*	7	6		350
38	*Quatre bouteilles*	4		4	175
39	*Deux theyères*...................	5	2		240
40	*Deux bouteilles*................	2			80
41	*Deux theyères*..................	2	7	4	120
42	*Une theyère*	2	5	2	100
43	*Deux tasses et soucoupes*..........	1	5	3	55
44	*Deux tasses*..................	1	2	4	45
45	*Une hurne et deux cornets*.........	8	5		375
46	*Deux pots à sucre*..............	2	4	6	95
47	*Une jatte*....................	1	2	2	40
48	*Un compotier*................	4	3	4	120
49	*Deux pagodes*................	1			40
50	*Deux boëttes*................		4		20
51	*Un gobelet, une tasse et deux soucoupes*	2	4	6	100
52	*Trois* cigognes.................	2	2	4	430
				Total..........	10.379

LES LIVRES

DE MARIE-ANTOINETTE

12

LES LIVRES

DE

MARIE-ANTOINETTE

CHEZ LES PARTICULIERS ET DANS LES

BIBLIOTHÈQUES PUBLIQUES DE PÉRIGUEUX ET DE BOURGES

Tout ce qui vient de Marie-Antoinette a le privilège d'émouvoir les esprits délicats et de réveiller les sympathies que ses infortunes imméritées lui ont acquises.

Nous en avons des preuves dans le succès des expositions qui se sont succédé depuis un certain nombre d'années et, plus encore, dans les ventes où certains objets qui lui avaient appartenu, ont atteint des prix fabuleux.

Mais ce n'est pas seulement en France que ces sentiments se manifestent avec le plus d'éclat : les étrangers apportent la même ardeur dans la recherche de ces rares épaves et poussent aussi loin que nous ce qu'on pourrait appeler le fétichisme du souvenir.

Un chroniqueur érudit, M. Charles Daubigne, a raconté que, très jeune encore, il fut amené par sa mère chez une riche mauresque que l'on disait veuve du capitan Pacha qui avait commandé, au temps d'Hussein, le dernier dey, les felouques de guerre algériennes. Cette femme âgée de quarante ans, quelque peu hautaine, mais bonne et gracieuse avec tous ceux qu'elle admettait dans son intimité, se faisait appeler l'*amirale,* titre qui flattait fort sa vanité.

« Au cours de notre visite, écrit M. Daubigne, la grande dame nous montra, non sans quelque ostentation, la somptuosité de sa demeure, un véritable palais oriental dont les merveilles évoquèrent soudainement dans mon esprit les magnifiques descriptions des *Mille et une Nuits.* Mon jeune âge me mettait à l'abri de cette loi sévère qui, en dehors du mari, proscrit tout homme de l'appartement des femmes. Je suivis donc ma mère jusque dans la chambre à coucher de l'amirale. Dans un meuble en marqueterie se trouvaient de nombreux bijoux de tous les styles et de toutes les époques. C'était un amoncellement de diamants, de perles, de saphyrs, d'émeraudes, de topazes à éblouir Aladin lui-même.

— » Puisque vous êtes française, dit-elle tout à coup en s'adressant à ma mère, je vais vous faire voir ce que j'ai de plus précieux.

» La musulmane tira alors d'une cassette un écrin et en sortit une paire de boucles d'oreilles en perles fines toutes petites, d'une valeur certainement bien moindre que les rivières de diamants qu'elle venait d'étaler.

— » Voilà le bijou auquel je tiens le plus, fit-elle en le portant à ses lèvres, et je l'aime, parce qu'il a appartenu à la reine Marie-Antoinette.

» Et elle nous raconta l'histoire de ces boucles d'oreilles achetées en Italie par son mari, et qu'elle conservait avec un soin jaloux. — « *Ce sont les yeux de mes yeux*, nous dit-elle encore avec une emphase charmante. »

» Plus tard, j'appris que l'amirale s'était ruinée à vouloir maintenir un train de maison au-dessus de ses ressources. Ses diamants, ses objets d'art, avaient été vendus un à un. Elle émigra enfin à Smyrne, n'emportant de toutes ses richesses qu'une petite paire de boucles d'oreilles. C'étaient celles de Marie-Antoinette. »

L'anecdote est jolie et j'ai tenu à la mettre tout entière sous les yeux du lecteur; mais le fait n'est pas isolé. Ce culte passionné, nous le voyons s'adresser, non seulement aux meubles, aux bijoux de la reine, mais encore aux livres de sa bibliothèque. N'ai-je pas écrit dans les *Femmes bibliophiles* que l'impératrice Eugénie, qui mettait une sorte de passion à s'entourer des objets que l'auguste martyre avait possédés, comme si elle eût pressenti que la destinée lui réservait, à elle aussi, d'incomparables malheurs (1), avait fait l'acquisition de deux volumes de piété provenant de sa bibliothèque, et que, les considérant comme de véritables reliques, elle les avait emportés dans l'exil.

N'avons-nous pas vu, à la seconde vente des livres du baron

(1) Un très beau portrait de Marie-Antoinette, par Mme Vigée-Lebrun, échappé des mains des liquidateurs de la liste civile, après les désastres de la guerre, décore actuellement un des salons du rez-de-chaussée de Farnborough Hill.

Double, en 1886, un exemplaire des *Baisers* de Dorat, très médiocre comme épreuves et comme reliure, dépasser 5,000 fr., et, plus récemment à la vente du comte de Lignerolles, une *Semaine sainte* offerte par Louis XVI à la princesse de Lamballe, à l'occasion de sa fête, et sur laquelle Marie-Antoinette avait tracé quelques lignes, atteindre le prix insensé de *trente mille francs ?*

Le sentiment entre donc pour une part très large dans la recherche de ces livres qui sont, d'ailleurs, d'une indéniable rareté, la Convention ayant décidé le maintien à Versailles de la bibliothèque du Petit Trianon, et le transfert en bloc, à la Bibliothèque nationale, des 5,712 volumes que la reine avait réunis au palais des Tuileries.

Les épaves de cette collection royale qui ont pénétré dans les bibliothèques particulières sont en petit nombre.

On peut compter parmi les plus importantes :

1° Un *Livre de Prières* qui a appartenu à M. Chatonnet, de Versailles (1). Il porte sur la première page cette indication : PRIÈRES CHRÉTIENNES, *Vienne,* 1765, *de Trattern, imprimeur de la Cour,* et ce qui y ajoute un prix inestimable, c'est que Marie-Antoinette, jeune fille, a elle-même copié sur les gardes une pièce de vers de Louis Racine, extraite de son poëme *La Religion.* On peut croire qu'elle garda précieusement et jusqu'à son dernier jour ce livre de son enfance, car une dernière inscription, écrite de sa main, porte ces mots, triste reflet de la longue agonie qui devait marquer sa fin : *Heureux ceux qui pleurent !*

A cet inappréciable trésor, il convient d'ajouter :

1° Un autre *Livre de Prières* dont la reine se servit, dit-on, pendant sa captivité au Temple et à la Conciergerie, et qui appartient à Mme Garinet, de Châlons-sur-Marne ;

(1) Aujourd'hui à la bibliothèque de Versailles.

2° La *Seule véritable religion* démontrée contre les Athés, les Déistes et tous les sectaires, par l'abbé Hespelle, 2 vol. in-12, mar. rouge. — Jolis volumes qui ont figuré dans ma collection;

3° Un exemplaire des *Découvertes de Marat sur le feu, l'électricité et la lumière,* offert à Marie-Antoinette par Marat lui-même, quand il était médecin des gardes du corps du comte d'Artois, — une des curiosité de la bibliothèque de M. Lucien Double, où l'on rencontre encore une *Histoire de Manon Lescaut,* en deux tomes in-8 (Amsterdam, 1756), et un *Traité sur la prière publique...,* charmant volume relié en maroquin rouge janséniste et doublé de maroquin rouge ;

4° Les *Instructions de l'Empereur François Ier* (père de Marie-Antoinette) *à ses enfants, tant sur la vie spirituelle que sur la temporelle,* mss. de 177 pages, relié en maroquin noir, qui a figuré à la vente du libraire Léon Techener (n° 99 du catalogue);

5° Les *Leçons de Morale, de Politique et de Droit public,* par Moreau, et les *Lettres de Rabutin,* de la bibliothèque de M. Destailleur ;

6° Le *Traité de l'éducation des femmes,* de la bibliothèque du comte de Lignerolles;

7° Le joli ms. de la *Fête de Chilly,* acquis par le baron Pichon ;

8° Les *Contes de La Fontaine,* en 2 vol. pet. in-12 (Londres, s. d.), édition sans gravures, également au baron Pichon ;

9° Les *Fables...* avec les fig. de Fessard, 6 vol. reliés en maroq. rouge, vendus récemment par MM. Em. Paul, L. Huard et Guillemin (bibliothèque de M***, n° 268 du catalogue);

10° Les *Idylles de Berquin,* de la bibliothèque de M. Chatonet, à Versailles;

11° La *Saxe galante* et la tragédie de *Mustapha et Zéangir* de la riche collection de M. G. de Villeneuve;

12° La *Partie de chasse de Henri IV,* exemplaire présenté à Marie-

Antoinette, à l'occasion de la représentation de gala qui lui fut offerte, à son passage à Châlons-sur-Marne, et passé de la bibliothèque de M. Daguin, dans celle de son gendre, M. de Marchéville ;

13° Le *Sacre et le Couronnement de Louis XVI*, en maroquin couvert de dentelles, acheté 7,080 fr. par M. Eugène Dutuit, de Rouen, à la seconde vente de M. Léopold Double ;

14° Les *Œuvres de Boileau* (La Haye, 1722), 4 vol. avec fig. de Bernard Picart, vendues 1,000 fr. à la même vente ;

15° Un très bel *Almanach* pour l'année 1778, relié en mar. rouge, avec incrustations en couleurs recouvertes de talc, annoncé au prix de 3,500 fr. dans un des catalogues de la librairie Emile Rondeau ;

16° Les *Lettres de Messire Roger de Rabutin*. Paris, 1737, de la collection de M. Destailleur ;

17° Les *Lettres de Madame de Maintenon*, en 7 vol., de la bibliothèque James de Rothschild ;

18° Les *Lettres de Madame la princesse de G**** (Gonzague) pendant le cours de ses voyages en Italie, 1779 ; du cabinet de M. le vicomte de Savigny de Moncorps ;

19° Le *Comte de Valmont ou les Egarements de la Raison* (par l'abbé Gérard), 5 vol. en mar. rouge provenant de la bibliothèque du marquis de Biencourt, et portés au prix de 2,500 fr. dans le *Répertoire méthodique* de la Librairie Damascène Morgand, n° 5.207 ;

20° Le *Prince de Bretagne*, par M. d'Arnaud, de la collection de M. Alfred Piat ;

21° Les *Œuvres complètes de Palissot*, 4 vol. in-8 (n° 584 du catalogue de M. E. Paillet) ;

22° Les *Considérations sur les causes de la grandeur des Romains et de leur décadence*, par Montesquieu, Paris, 1771. Vente

Franchetti (Paris, Ch. Porquet, 1890), n° 285 du catalogue;

23° Les *Oraisons funèbres de Fléchier*, de la collection du général de Cools;

24° Le *Mercure de France* (de 1770 à 1792), relié en 292 vol. (n° 800 du catalogue de la duchesse de Raguse, vendu 366 fr. en 1857);

25° Un lot de jolis volumes tels que les *Poésies de Chaulieu* (La Haye, 1747), les *Œuvres d'Etienne Pavillon* (Amsterdam, 1750), la *Didon*, de Marmontel, etc., sortis du Palais de Trianon et faisant aujourd'hui partie de la bibliothèque de M. Gaston de Chauvenet, au château de Lesdins (Aisne).

26° Quelques volumes, en maroquin rouge, dérobés en 1795, par le conventionnel Courtois (1) et reconnus dans la vente des livres de M. Dorin, faite à Châlons-sur-Marne en 1883, entre autres : *La Henriade* de Voltaire, en 2 tomes, les *Fables* de l'abbé Aubert, et les *Grâces* de Meunier de Querlon, ces dernières achetées 1,000 fr. par le libraire Belin.

On ignore assez généralement que deux villes de province, Périgueux et Bourges, ont hérité d'une part importante des livres de Marie-Antoinette, lors de la création des écoles centrales de département, c'est-à-dire en 1794.

La plus favorisée fut Périgueux, qui, dotée déjà par la Révolution des livres du couvent de Chancelade, reçut, grâce à l'appui du conventionnel Pinet, originaire de la Dordogne, 184 volumes aujourd'hui mis à part et renfermés dans une vitrine spéciale.

Le très distingué bibliothécaire de la ville, M. Michel Hardy, a bien voulu me faire connaître le catalogue de cette précieuse collection dont l'empereur d'Autriche aurait, dit-on, offert, à plusieurs reprises, un prix considérable.

(1) V. *Appendice*.

Les volumes qui présentent le plus d'intérêt sont les suivants : les *Œuvres de La Fontaine*, de *Regnard*, de *La Motte*, de *Fontenelle*, de *Crébillon*, de *La Grange-Chancel*, de *Montcrif*, de *Pope*, le *théâtre de Boissy*, celui de *de Brueix et de Palaprat*, les *Géorgiques* traduites par Delille, les *Amours de Tibulle et de Catulle*, les *Contes philosophiques*, l'*Histoire de François Ier*, l'*Esprit de la Fronde*, la *Rivalité de la France et de l'Angleterre*, l'*Histoire de Louis XIV*, l'*Histoire de la Maison d'Autriche*, par M. de Girecourt, *Tite-Live*, traduit par Guérin et Cosson, etc.

Ces ouvrages de formats différents, sont reliés en veau porphyre. Les plats entourés d'un double filet, portent au centre les armes de France accolées aux armes d'Autriche ; sur le dos, quelques fleurons, et, au bas, les initiales couronnées C. T. Les tranches sont blondes et pointillées de rouge. Quoique fort simples et même assez négligées au point de vue de l'exécution, ces reliures qui sont l'œuvre d'un marchand-papetier du nom de Fournier « relieur du Roi et de la Reine, établi à Versailles, dans le vestibule d'entrée du château », ont un aspect qui est loin de déplaire et les armoiries dont elles sont décorées, sont, malgré la finesse de leurs détails, très bien venues pour la plupart.

Au premier volume de chaque ouvrage était fixée une bande de papier placée verticalement et collée seulement par le haut, à l'intérieur du plat. Un grand nombre de ces étiquettes ont été enlevées ; pour les autres, on s'est contenté d'en gratter soigneusement la partie supérieure où, sans nul doute, était écrit le lieu de provenance. Des volumes aux armes du roi (Louis XVI) renfermant des étiquettes absolument semblables, avec le mot *Versailles* inscrit sur le haut, on doit en inférer que les initiales couronnées C. T. signifient *Château de Trianon* et qu'en conséquence cette partie des livres de la reine provient de Versailles et non des Tuileries, comme l'ont prétendu certains bibliographes. Il y a lieu d'observer, d'ailleurs, que les livres de la bibliothèque du palais des Tuileries sont tous ou presque tous uniformément reliés en maroquin et dorés sur tranches.

La ville de Bourges est beaucoup moins riche et ne détient que 37 volumes tirés, comme les précédents, du Petit-Trianon. Les seuls qui méritent d'être cités, sont le *Théâtre de Favart*, celui de *Baron* et les *Œuvres de la Harpe*.

Que d'enseignements dans ces retours de la fortune !

Où trouver un exemple plus saisissant de la fragilité des choses humaines ? Ces livres que la plus noble et la plus malheureuse des reines a effleurés de son haleine, ces livres, témoins de ses joies et de ses larmes, sont aujourd'hui, à de rares exceptions près, dispersés dans les dépôts publics, à la portée du premier venu !

Habent sua fata...

LETTRE adressée à M. PIERRE DAUZE
Directeur de la *Revue Biblio-Iconographique*

Villers-le-Sec, 8 février 1896.

Monsieur et cher Directeur,

On me demande, de différents côtés, pourquoi je n'ai pas parlé, dans mon récent article sur Marie-Antoinette (1), des *Livres du Boudoir*, que M. Louis Lacour a signalés, il y a quelques années (2), comme « un témoignage écrasant de la dépravation de la reine ».

Ma réponse est facile.

(1) *Revue biblio-iconographique*, n° 10, col. 146 et suiv.

(2) *Livres du Boudoir de la reine Marie-Antoinette*, Paris (1864), Jules Gay, éditeur.

Déjà, dans deux publications successives (1), je me suis élevé contre les assertions de M. Louis Lacour, en opposant aux livres de littérature légère qui ont servi de base à son *réquisitoire*, la grande et très sérieuse bibliothèque que Marie-Antoinette possédait aux Tuileries et dont le publiciste Millin a fait l'éloge (2), au moment où la Convention en ordonna le sequestre.

Mais, je vais plus loin : tout prouve que le fameux catalogue des *Livres du Boudoir* n'existait pas du temps où la reine habitait le palais de Versailles, par la raison bien simple qu'il était absolument inutile, tous les livres qu'on y a fait figurer, appartenant à la bibliothèque du Petit-Trianon, et personne ne prétendra, — j'imagine, — que Marie-Antoinette ait éprouvé le besoin d'en faire dresser un catalogue à part, pour mieux affirmer la frivolité de ses goûts ?

Ce « témoignage écrasant » n'est donc qu'un document sans valeur. Il a été fabriqué, après la confiscation, avec des listes adaptées, dans une intention malveillante, à une reliure de la reine, et l'avocat de M. Lacour, dans le procès qui fut intenté à ce dernier, en 1864, à la requête de E. Taschereau, administrateur général de la Bibliothèque impériale, a commis une grosse erreur, en disant que le manuscrit intitulé *Livres du Boudoir* avait été relié par ordre de Marie-Antoinette, quand elle n'était encore que dauphine, et que les armoiries de la dauphine avaient été remplacées plus tard, par celles de la reine. Il suffit, en effet, d'un coup d'œil pour reconnaître que cette reliure n'est qu'un vulgaire emboîtage.

J'ajoute que ces livres, placés dans les armoires du Petit-Trianon par un libraire jaloux d'y étaler toutes les nouveautés annoncées dans l'*Année littéraire* et le *Mercure de France*, étaient pour la plupart inconnus de la noble victime, injustement calomniée, et j'en trouve la preuve dans l'extrême fraîcheur d'un de ces volumes : *Lucina sine concubitu*, (trad. en français), payé 1.250 fr. à la vente Gosford, en 1882, et dont *l'état de neuf* indique, de la façon la plus évidente, qu'il n'a jamais été lu, ni même ouvert.

(1) *Bibliothèque de Marie-Antoinette au château des Tuileries*, Paris, Damascène Morgand, 1884. — *Les Femmes bibliophiles aux XVIe, XVIIe et XVIIIe siècles*, tome II, pp. 232 et suiv.

(2) *Magasin encyclopédique*, année 1792, p. 169.

Et, d'ailleurs, Marie-Antoinette, en lisant les petits romans de Crébillon fils, alors à la mode et dans les mains de toutes les femmes, était-elle plus coupable que celles qui de nos jours, s'intéressent aux aventures de *Nana* ou des *Demi-Vierges ?*

« Pour être reine, on n'en est pas moins femme », a écrit Paul Lacroix. Cela peut être vrai ; mais, à côté de la femme, il y avait la souveraine qui faisait, de la fille de Grétry, sa filleule, accordait à Chamfort une pension sur sa propre cassette, protégeait Delille et aidait au retour de Voltaire. M. Lacour n'aurait pas dû l'oublier.

Je n'insiste pas davantage. A vous de voir, mon cher Directeur, si ces explications valent la peine d'être insérées dans la *Revue.* Je vous en fais juge et vous laisse toute liberté.

Agréez, je vous prie, l'assurance de mes sentiments distingués.

Ernest Quentin-Bauchart.

UN

BIBLIOPHILE PICARD

A LA FIN DU XVIIIe SIÈCLE

JEAN BERLEUX

UN

BIBLIOPHILE PICARD

A LA FIN DU XVIIIe SIÈCLE

JEAN BERLEUX

(1749-1834)

A mon fils Maurice Quentin-Bauchart,
en littérature : Jean Berleux.

I

Si vous quittez St-Quentin, la vieille capitale du Vermandois, par la route qui conduit à Crécy-sur-Serre, vous traversez bientôt la jolie vallée de l'Oise, et vous découvrez, des hauteurs de la petite ville de Ribemont, le clocher de *Villers-le-Sec*, siège de l'ancienne seigneurie que se partagaient, avant la Révolution, le cardinal de Gèvres, évêque et comte de Beauvais, pair de France, en sa qualité d'abbé commendataire de l'abbaye de Saint-Vincent de Laon, et les prieurs, procureurs et religieux de l'abbaye de Saint-Quentin en l'Isle.

C'est là que vint au monde, le 17 décembre 1749, un homme qui, par l'originalité de son esprit, l'étendue des ses connaissances et son goût éclairé pour les livres et les choses de l'art, a mérité de sortir de l'oubli : JEAN BERLEUX.

Son père était ce qu'on appelait alors, un *bourgeois-laboureur*. Il avait quelque bien et cultivait lui-même les terres qui lui appartenaient.

Jean, dont les heureuses dispositions s'étaient révélées de bonne heure, reçut à Villers-le-Sec, par les soins du curé de la paroisse, « maître Jean-Philippe Trotin », les premiers éléments d'une instruction qu'il devait pousser beaucoup plus loin, à la suite d'une aventure dont j'emprunte aux papiers du temps le récit plein de saveur.

Joli garçon à la parole dorée et de complexion fort amoureuse, Jean Berleux n'avait pas vingt ans, quand il rencontra une jeune fille, aux grands yeux candides, qui lui apparut comme une vision et fit sur sa nature inflammable une impression violente.

Elle s'appelait Gabrielle Deligny, « la belle Gabrielle », et ses parents, de condition modeste, habitaient depuis peu le village.

Le roman débuta comme celui de Longus ; mais, cette fois, Daphnis avait reçu les leçons de Lycœnion, et je gagerais que Gabrielle, elle-même, en savait plus long que Chloé.

Quoiqu'il en fut, il était écrit que l'idylle serait de courte durée.

Un matin, qu'ils s'étaient égarés dans un champ de seigle, « à la poursuite des papillons », ils furent surpris par le *garde de verdure*, au moment précis où Gabrielle.... n'avait plus rien à apprendre.

Un autre garde plus sensible aurait fermé les yeux. Celui-ci verbalise. Les amants affolés se sauvent. Jean loue un cheval, prend sa belle en croupe, fait huit lieues tout d'un trait et la conduit à Genlis (1), où la sœur d'un chirurgien de ses amis lui donne asile.

Mais le père averti, porte plainte.

L'huissier arrive avec ses recors, et Gabrielle, malgré sa résistance et ses larmes, est obligée de le suivre.

On instruit le procès.

Jean comparaît devant *Monsieur le Bailli*, « juge civil, criminel et de police », qui procède à son interrogatoire :

« Il appert de l'enquête que nous avons ordonnée, dit solennellement le bailli, que vous avez eu vis-à-vis de Gabrielle Deligny, des assiduités, des familiarités pressantes, et que vous seriez parvenu à la séduire par vos sollicitations et promesses fallacieuses. »

Jean ne répond pas.

« Reconnaissez-vous, poursuit le bailli, avoir pris avec elle des libertés qui ne sont permises qu'entre époux ?... en un mot, reconnaissez-vous avoir obtenu son *habitation charnelle* (sic) ? »

Jean se trouble, balbutie et proteste vaguement.

Les témoins sont appelés :

C'est Catherine Miel, qui déclare « avoir vu Jean et Gabrielle faire le tour des haies, s'asseoir ensemble, se faire des amitiés et des caresses, même *s'embrasser !...* »

C'est Louise Rousseau, qui dépose « qu'un jour ils avaient été s'asseoir à l'extrémité d'un champ, de manière à ne pas être vus, et qu'ils n'étaient revenus qu'une heure après... »

C'est l'aubergiste Flamant, qui avoue avoir loué le cheval destiné à l'enlèvement de Gabrielle.

(1) Village aux environs de Chauny.

C'est enfin Jacques Le Beau, le terrible *garde de verdure*, qui les a découverts « occupés à toute autre chose qu'à effeuiller des marguerites », et a la cruauté de n'omettre aucun détail.

En conséquence, par sentence longuement motivée, — « ouï le procureur fiscal en ses conclusions » — Jean, convaincu d'avoir abusé de l'innocence de Gabrielle Deligny, est condamné à lui payer « à titre de dommages et intérêts, une somme de huit cent livres, sans préjudice des dépens liquidés à 280 livres 18 sols, non compris la signification du jugement à domicile » (1).

Jean Berleux dut à cette équipée d'être envoyé à Paris et d'y compléter ses études, sous la surveillance et la direction d'un ami de sa famille, le savant naturaliste Alexandre Poiret.

Son père étant mort cinq ans après, il va chercher fortune en Espagne, y passe trois lustres, augmente son patrimoine par des opérations toujours heureuses, furetant partout et profitant des bonnes occasions pour rassembler des manuscrits, des livres, des tableaux, des dessins précieux, des objets d'art de toute nature et de toutes les époques (2).

A Burgos, il paie onze livres des *Heures* manuscrites enrichies de superbes miniatures ; à Madrid, il trouve pour dix écus le

(1) *Extrait du Registre de la Justice seigneuriale de Villers-le-Sec*, folio 14 et suivants.

(2) Ces objets, tous d'une grande valeur, ont malheureusement disparu, pour la plupart, à la suite d'un vol commis avec une audace extraordinaire dans la nuit du 17 décembre 1808.

Profitant d'une absence du maître de la maison, des malfaiteurs, restés inconnus, pénétrèrent dans le château par un soupirail de cave, et firent main basse sur le mobilier.

Tout fut emporté sur *deux chariots*, à l'exception des livres, d'un tableau de Zurbaran, de deux bois de lit du plus pur style Louis XVI, et d'un secrétaire en bois de rose, avec incrustations, que les voleurs durent abandonner, probablement faute de place.

Les poursuites ordonnées par la justice, n'aboutirent pas et ce n'est que

Don Quichotte, d'Ibarra, dans une reliure à compartiments couverts de dorures ; à Séville, l'édition originale du *Voyage de Fernand Mendez Pinto*, en portugais, qu'il échange contre un *Abrégé chronologique de l'Histoire de France*, de Mézeray ; à Valence il obtient, également pour un prix dérisoire, une édition rare des *Comédies de Lope de Vega*, deux dessins de Goya et un ivoire sculpté d'un joli travail du XVIIe siècle, représentant la Vierge et l'Enfant Jésus....

Heureux temps où l'on n'avait qu'à se baisser pour ramasser les plus belles productions de l'art, sous toutes ses formes !

II

Quinze années ont passé et nous sommes à la veille des grands événements qui vont bouleverser le vieux monde. Jean Berleux, qui est un ardent partisan des idées nouvelles, quitte l'Espagne et revient au pays natal.

Il fait construire auprès de la ferme paternelle, une habitation de bonne apparence, que les gens du pays appellent le château, et dessiner un parc dont les allées rectilignes, les haies correctement tondues, les portiques bien taillés et les hautes charmilles, rappellent encore aujourd'hui l'ordonnance un peu sévère des jardins de Le Notre.

Après les sombres jours de la Terreur, qu'il traverse avec un rare bonheur, sans être inquiété, sa maison devient le centre de réunions brillantes, où se rendent ses voisins de campagne,

trois ans plus tard qu'une copie de *La Maîtresse d'école* de Chardin, faite par Augustine Berleux, des miniatures également exécutées par elle, et de jolis bois sculptés : une *Tête de Christ*, la *Mise au Tombeau* et un *Pèlerin de Saint-Jacques de Compostelle*, furent retrouvés par hasard sur le marché de Laon, encrassés et noircis, mais intacts.

l'élite de la bourgeoisie Saint-Quentinoise, et tout un essaim de jolies femmes que n'effrayait pas l'intérieur d'un célibataire et qu'attiraient, d'ailleurs, les rares qualités de sa nièce Augustine, veuve à 19 ans d'un des premiers préfets que nomma Bonaparte, à son avènement au Consulat.

Augustine Berleux, dont je possède un portrait peint par elle-même, était une fort sémillante personne, avec ses cheveux blonds bouclés sur le front à la mode du temps, son cou bien planté sur de belles épaules, ses yeux pleins de malice et sa bouche rieuse.

Elevée chez madame Campan, ancienne lectrice des tantes de Louis XVI et de Marie-Antoinette, elle s'était créé des relations dans les grandes familles aristocratiques épargnées par la Révolution, et Hortense de Beauharnais qui l'avait mariée et voulut plus tard l'associer à sa fortune, en avait fait sa meilleure amie (1).

Spirituelle, enjouée, ni coquette, ni bas-bleu, pleine de tact, d'attraits et de charme, chantant à ravir en s'accompagnant sur la harpe, et dessinant comme Prudhon, adorée de tous, elle était l'âme de ces fêtes, quand elle fut subitement emportée par la petite vérole, dans tout l'éclat de sa jeunesse.

Le deuil remplaça la gaieté dans la maison de Villers-le-Sec et les réceptions cessèrent ; mais Jean Berleux avait tant d'esprit et des façons si séduisantes, qu'il continua bientôt à être recherché avec le même empressement que par le passé.

Sa verve un peu caustique lui fit pourtant des ennemis.

Il excellait, en effet, dans l'épigramme, le savait trop et en abusait quelquefois.

(1) Hortense de Beauharnais avait donné, comme souvenir à Augustine Berleux, un joli porte-flacons en galuchat qui a été retrouvé dans le mobilier du château, après le décès de Jean Berleux. Il appartient aujourd'hui à ma belle-fille, Mme Maurice Quentin-Bauchart.

On aurait pu dire de lui ce que la marquise de Boufflers disait du comte de Tressan : « C'est une guêpe noyée dans du miel ! »

Les femmes adorent ce genre d'esprit...... quand elles n'ont pas à en souffrir, et Jean Berleux les aimait trop pour ne pas les ménager. Aussi ses bonnes fortunes furent-elles nombreuses et il y en a de fort intéressantes dont quelques contemporains, aujourd'hui disparus, nous ont transmis le souvenir et la légende.

Les dernières années de sa vie s'écoulèrent dans le calme le plus profond ; mais la vieillesse, avec son cortège ordinaire de désillusions et d'infirmités, avait assombri son humeur.

Du brillant Jean Berleux, il ne restait plus que l'ombre.

Aux chagrins et aux regrets d'anciennes relations éteintes et de vieilles amitiés perdues, vinrent s'ajouter les soucis inséparables de l'isolement.

Il s'attrista, s'enferma dans une grande pièce qui lui servait à la fois de bibliothèque et de chambre à coucher, en sortit rarement, et devint une sorte d'Alceste en sabots qui grondait à tout venant.

Vêtu d'une houppelande et coiffé d'un bonnet fourré, à la manière de Jean-Jacques, il était la terreur des filles et des garçons qui venaient au printemps gazouiller dans son parc leur première chanson d'amour.

Bourru, mais bourru bienfaisant, toujours prêt à répandre le bien autour de lui, incapable de haïr ceux dont il avait à se plaindre ou à se venger, il apportait, en toutes choses, sous les apparences d'un scepticisme un peu brutal, une rare bonté d'âme et un grand esprit de justice.

Dans sa retraite silencieuse, il lit et commente Voltaire, Rousseau, Diderot, l'abbé de Mably....

Leurs œuvres occupent le premier rang de sa bibliothèque et sont bourrées de notes toujours intéressantes, souvent spirituelles, mais où domine, avec trop de parti-pris peut-être, l'amour de la controverse et du paradoxe.

Les boutades y abondent.

J'en prends une entre mille :

Rousseau dit, dans les *Lettres de la Montagne* (1), que, d'après l'Evangile, les miracles de Jésus-Christ ont été tous *utiles.* « Quoi, répond Jean Berleux, même celui des noces de Cana ? A qui fera-t-on croire qu'à la fin d'un repas de noces, il y ait eu quelque raison sérieuse de changer l'eau en vin ? *Changer le vin en eau eût peut-être été plus utile...* »

Comme on le voit, l'orthodoxie n'est pas le propre de Jean Berleux ; il est trop imbu des idées de son siècle pour croire aux vérités surnaturelles.

« Est-ce que Dieu, s'écrie-t-il encore, Dieu dont la puissance est infinie, n'était pas absolument le maître de placer dans nos cœurs la persuasion de ce qu'il voulait que nous crussions, sans être obligé de faire miracles sur miracles pour nous persuader ? *Tout cela est du rabâchage.* »

Entre temps, notre philosophe cultivait les Muses, en écrivant des petits vers à la façon de Dorat.

En voici qu'il adressait à une amie, à l'occasion de sa fête :

15 décembre 1797.

« *Oui, je t'aime toujours.... comme c'est doux à dire !*
Notre parole fait si bien
Tant de belles choses de rien !
Mais si doux que ce soit, mieux vaut encor l'écrire.

(1) *Amsterdam, Marc-Michel Rey,* 1774. (Troisième lettre, page 72).

« *Au lieu d'un bruit qui passe et qu'emporte le vent,*
Lorsque tu cesseras d'entendre
L'aveu qui te semblait si tendre,
Consulte le papier qui garde mon serment.

« *Il dira par ce froid qu'aucun autre n'efface,*
Combien d'ardeur il me fallait,
Et que si mon encre gelait,
Le feu de mon amour faisait fondre la glace.

« *Oui, je t'aime toujours.... ce n'est pas un vain mot*
Que trace ma plume fidèle,
A qui jamais douterait d'elle,
Montre ses traits de flamme et dis : « Lisez plutôt !... »

Et plus tard, au déclin de sa vie, à Madame de P*** qui se plaignait d'être oubliée.

18 janvier 1807.

« *Si je ne parlais pas, en étais-je moins tendre ?*
Même quand il se tait, le cœur à ses ardeurs :
Il est comme le feu qui couve sous la cendre.
Malgré nous, le souci des choses d'ici-bas
Peut des soins les plus doux un instant nous distraire :
Mais t'oublier ? jamais ! Tous les biens de la terre
A ce prix, Dieu le sait, ne me tenteraient pas !
Comme aux jours les plus beaux, je t'aime donc encore,
Mon cœur ne change pas, rien ne peut l'ébranler ;
Pour conquérir le tien, puisqu'il faut te parler,
Je demande à mourir en disant : « je t'adore ! »

On a vu que Jean Berleux aimait les livres. Il n'eut pas, cependant, de bibliothèque proprement dite, mais un choix d'ouvrages sur toutes les matières, bons par eux-mêmes, suffisants pour un homme dont l'esprit était toujours en éveil et qui n'avait d'autre but que de s'instruire et se distraire.

Les grandes divisions de notre système bibliographique sont, en conséquence, fort inégalement représentées dans cette collection, où la *Curiosité* n'occupe qu'une place secondaire.

Dans la Théologie, les volumes les plus importants sont : une belle *Bible*, de Sacy, en 3 vol. in-4, des *Heures* manuscrites, avec miniatures, spécimen assez rare de l'École espagnole, un exemplaire sur vélin des *Heures à l'usage de Rome*, imprimées à Paris pour Guillaume Godart, les *Confessions de saint Augustin*, les *Pensées de Pascal* et différents traités du baron d'Holbach ; dans la Jurisprudence : les *Œuvres de Guy Coquille et de Cochin* ; dans les Sciences philosophiques : les *Dialogues de Platon*, les *Œuvres philosophiques de Cicéron* (Didot, 1796), les *Œuvres complètes d'Helvétius*, un *Montaigne*, en 3 vol. in-4, les *Éléments de la philosophie de Newton*, mis à la portée de tout le monde, par Voltaire, en maroquin ; dans les Arts : un *Cours d'architecture* de Vignole, un *Dictionnaire des graveurs anciens et modernes*, par Basan, un *Recueil de caricatures*, de Goya ; dans les Belles-Lettres : un *Homère*, de Mme Dacier, un *Virgile*, de Didot, relié en maroquin, un *Horace*, de Didot, les *Satires de Juvénal*, traduites par Dusaulx, un très précieux *Recueil de pièces* imprimées au XVIe siècle, les *Œuvres de Boileau*, les *Fables et les Contes* de La Fontaine, les œuvres de *Corneille*, de *Molière*, de *Racine*, la *Bibliothèque universelle des romans*, un *Rabelais*, en 2 vol. in-8 tirés in-4, plusieurs éditions de *Don Quichotte*, un très bel exemplaire de *Clarisse Harlowe*, un choix intéressant de petits *Romans du XVIIIe siècle*, les *Œuvres de Montesquieu*, de *Jean-Jacques Rousseau*, de *Diderot*, de *Voltaire*, de *l'abbé de Mably*, de *d'Alembert*, etc. ; dans la Géographie et l'Histoire : une édition originale du *Voyage de Fernand Mendez Pinto,* en portugais, le *Discours sur l'Histoire universelle,* de Bossuet, une précieuse *Carte d'Allemagne,* gravée par Beaurain, en 1765, et comprenant 71 plans relatifs à la Guerre de Sept Ans; enfin, toute une série de livres espagnols et portugais dont on verra plus loin la nomenclature, et qui, pour la plupart, ont une réelle valeur.

Jean Berleux avait conservé, jusque dans sa vieillesse, toute la vigueur de sa belle intelligence; mais il était devenu sourd... Les rares amis, restés fidèles, se firent alors un malin plaisir de prendre leur revanche des railleries dont il s'était montré si prodigue, en s'amusant, à leur tour, à ses dépens.

La scène, presque toujours la même, était réglée d'avance. Les jours où l'on pénétrait dans la *Librairie,* l'un d'eux choisissait un volume, ordinairement le fameux Don Quichotte à la reliure flamboyante, le regardait comme en extase, et après quelques secondes de contemplation muette : « Quelle ordure ! » disait-il, de son air le plus aimable. — « N'est-ce pas ? » répondait imperturbablement le vieillard. Les amis se pâmaient et le tour était joué (1).

Jean Berleux s'éteignit à 84 ans, le 20 janvier 1834.

Sa bibliothèque a été partagée entre ses héritiers. Ceux-ci, très nombreux, n'en tinrent malheureusement aucun compte, et ses livres furent pour la plupart dispersés ou détruits.

J'ai pu, cependant, en réunir quelques-uns, notamment les *Heures* de Guillaume Godard, le *Virgile* de Didot, le *Lucrèce* de Baskerville, le précieux *Recueils de pièces gothiques* qu'il avait donné à son ami Alexandre Poiret et qui me revint plus tard, — j'ai raconté, ailleurs, dans quelles circonstances (2), — les *Lettres de*

(1) Cette turlupinade est restée dans le pays à l'état de légende.

(2) A TRAVERS LES LIVRES. SOUVENIRS D'OUTRE-TOMBE. *Paris, Émile Paul, Huard et Guillemin,* 1895, page 8.

la Montagne, de J.-J. Rousseau, le joli roman de *Thémidore,* un *Don Quichotte* en espagnol, le *Catéchisme des gens mariés,* le *Dictionnaire d'architecture* de Vignole, les *Romances de Berquin,* avec les figures de Borel, les *Œuvres de Parny,* celles de *Sedaine,* sur papier vélin, le *Pope,* donné en prix, par Mme Campan, à Augustine Berleux, le très rare recueil des *Cartes et plans relatifs à la Guerre de Sept Ans,* un certain nombre d'ouvrages de jurisprudence et d'autres volumes de moindre importance.

Le catalogue qui suit a été rédigé sur des notes trouvées dans l'inventaire du mobilier de Villers-le-Sec, et d'après les renseignements qu'il m'a été possible de recueillir.

J'ai cherché à remédier à l'insuffisance des titres trop sommairement décrits, en intercalant dans des crochets, les additions destinées à les compléter.

CATALOGUE DES LIVRES DE JEAN BERLEUX

THÉOLOGIE — MORALE — SCIENCES ET ARTS

La Sainte-Bible traduite sur la Vulgate, par Lemaistre de Sacy, 3 vol. in-4, veau.

Probablement l'édition imprimée par F. Foppens, à Bruxelles, en 1720.

Horæ. Manuscrit de petit format, décoré de quinze miniatures que Jean Berleux croyait être de l'école de Bruges.

Explication de saint Augustin [et des autres Pères latins sur le Nouveau-Testament, par Nic. Fontaine. *A Paris, de l'imprimerie de Lambert-Roulland*, 1675], 2 vol. veau.

Traduction du livre de saint Augustin, des mœurs de l'Église catholique, avec les sommaires de la Doctrine contenue dans chaque chapitre (par Ant. Arnault). *Paris*, 1725, in-12, veau.

Catéchisme des gens mariés (par le P. Féline, missionnaire), *Caen*, 1782, pet. in-8, broché.

Supprimé soigneusement par l'autorité ecclésiastique, en raison de certains détails immoraux et par trop *naturalistes*.

Entretiens mémorables de Socrate, 2 pet. volumes. [Trad. du grec de Xénophon, par M. Levesque. *Paris, Didot l'aîné*, 1782].

LE BANQUET DE PLATON, [traduit un tiers par M. Racine et le reste par Mme de*** (Rochechouart). *Paris, Pierre Gaudouin*, 1732, in-12, veau.

DIALOGUES DE PLATON, par le traducteur de la République (Grou). *Amsterdam, Michel Rey*, 1770, 2 vol. in-8, veau.

ŒUVRES PHILOSOPHIQUES DE CICÉRON, *Paris, Didot jeune*, 1796, 10 tomes en 9 vol. in-18, portr., mar. rouge, fil. dos ornés, tr. dor.

MONTAIGNE, 3 vol. in-4.

Probablement l'édition de Coste (*Paris, par la Société*, 1725), sans le supplément.

PENSÉES DE M. PASCAL sur la religion et sur quelques autres sujets. Nouvelle édition augmentée de plusieurs pensées, de sa vie et de quelques discours. *A Paris, chez Guill. Desprez*, 1734, in-12, veau.

LES CARACTÈRES DE THÉOPHRASTE ET DE LA BRUYÈRE. In-4.

[Avec des notes par M. Coste. *Paris, Hochereau*, 1765, portr. grav. par Cathelin, vign. et cul-de-lampe, par Gravelot].

LES PENSÉES, MAXIMES ET RÉFLEXIONS MORALES, de M. le duc de*** (Fr. de La Rochefoucauld), nouvelle édition augmentée de remarques critiques, morales et historiques sur chacune des réflexions, par l'abbé de la Roche. *Paris, Ganeau*, 1765, in-12, veau.

ŒUVRES DE MONTESQUIEU, 6 vol.

Peut-être l'édition publiée par Auger, en 1816.

LE CITATEUR, par Pigault-Lebrun, in-8, cartonné.

LETTRES ÉCRITES DE LA MONTAGNE, par J.-J. Rousseau, en deux

parties. *A Amsterdam, chez Marc-Michel Rey,* 1764, in-8, broché.

Sur un grand nombre de pages, notes manuscrites de Jean Berleux.

ÉMILE OU L'ÉDUCATION, par J.-J. Rousseau. *Londres (Cazin),* 1781, 4 vol. in-18, fig. de Moreau, mar. rouge.

Nombreuses notes manuscrites de Jean Berleux.

DU CONTRAT SOCIAL, ou principes du Droit politique, par Rousseau, *Paris, Didot,* 1796, in-8, broché.

LA MORALE UNIVERSELLE [ou les devoirs de l'homme fondés sur sa nature, par le baron d'Holbach. *A Amsterdam, Michel Rey,* 1776], in-4.

SYSTÈME SOCIAL [ou principes naturels de la morale et de la politique, par d'Holbach. *Londres,* 1775.] 3 tomes en 1 vol. in-8.

LA POLITIQUE NATURELLE [ou Discours sur les vrais principes du Gouvernement, par d'Holbach. *Londres,* 1773], in-8.

CONSIDÉRATIONS SUR L'ESPRIT ET LES MŒURS (par Sénac de Meillan). *Londres,* 1787, in-8, veau.

LE SPECTATEUR [ou le Socrate moderne, où l'on voit un portrait naïf des mœurs de ce siècle, trad. de l'anglais de Steele et Addison. *Amsterdam et Leipzig, Arkstée et Merkus,* 1768], 8 vol. in-12, cart.

LE DROIT DE LA NATURE ET DES GENS, [par Pufendorf, trad. par Barbeyrac. *Amsterdam,* 1712], 2 vol. in-4, veau.

LE DROIT DE LA GUERRE ET DE LA PAIX, [par Grotius, trad. par Barbeyrac. *Amsterdam,* 1724], 2 vol. in-4, veau.

Essai sur la liberté de produire ses sentiments. [*Au pays libre, pour le bien public,* 1749. Avec privilège de tous les véritables philosophes] In-12, veau.

Éléments de la philosophie de Newton, mis à la portée de tout le monde, par M. de Voltaire. *Amsterdam J. Desbordes,* 1738. In-8, portrait de Voltaire gravé par Folkema et figures, mar. r., fil., tr. dor.

Parallèle des Révolutions, par Guillon. *Paris,* 1761, in-8, veau.

Entretiens sur la pluralité des mondes, par Fontenelle. *Paris, chez Bigot,* l'an IV de la République. In-16, demi-reliure.

De l'Administration des finances de la France, par M. de Necker. *S. L.,* 1784, 3 vol. in-8, brochés.

Considérations sur les finances d'Espagne, (par de Forbonnais), in-8, broché. *Dresde* (Paris), 1753. Pet. in-12, veau.

Histoire naturelle de Buffon, 31 vol. in-12.

Leçons élémentaires d'histoire naturelle, par demandes et par réponses, par L. Cotte. 4e édition, revue corrigée et ornée plus de de cent figures. *Paris, de l'imprimerie d'Aug. Delalain,* 1819. In-12 veau.

Le Théatre d'agriculture [et Mesnage des champs d'Olivier de Serres, seigneur de Pradel. *Paris, Abraham Saugrain,* 1603]. In-4, veau.

Dictionnaire d'architecture, qui comprend les ordres de Vignole, les figures et les descriptions de ses plus beaux bâtiments et ceux de Michel-Ange, et généralement tout ce qui regarde l'art de bâtir, par C. A. d'Aviler. *Paris, Mariette,* 1750. In-4, fig., veau.

Dictionnaire des graveurs anciens et modernes, [par F. Basan, 2e édition ornée de 50 estampes. *Paris,* 1789], 2 vol. in-8, bas.

Collection de figures théatrales inventées et gravées par Martin, ci-devant dessinateur des habillements de l'Opéra. *Se vend à Paris, chez l'auteur, s. d.* In-4, cart.

Recueil de 21 pièces très finement gravées.

JURISPRUDENCE

Les Œuvres de Guy Coquille, Sr de Romenay. *Paris, Jean Guignard,* 1666, 2 vol. in-fol., veau brun.

Traité des successions, divisé en 4 livres, par Denis Le Brun, avocat au Parlement. *Paris, Jean Guignard,* 1692, in-fol., veau brun.

Recueil de plusieurs arrêts notables du Parlement de Paris, pris des Mémoires de Georges Louet, avec un grand nombre d'arrêts et de notables décisions recueillis par maistre Julien Brodeau. Nouvelle et dernière édition. *Paris, Michel Guignard,* 1712, 2 vol. in-fol., veau brun.

Œuvres de Cochin (Henri). *Paris, Thomas Hérissant,* 1771, 6 vol. in-4, veau marbré.

Coutumes générales et particulières du bailliage de Vermandois, conférées ensemble, avec notes et observations, par

Claude de la Fons, avocat au Parlement. Nouvelle édition. *A Metz, chez François Bouchard*, 1688, pet. in-12, veau.

A la fin du volume (page 427) se trouvent les Coutumes de la prevosté de Ribemont, siège particulier du bailliage de Vermandois, 12 pp.

Le Coutumier du Vermandois, contenant les commentaires de Buridan et de la Fons, sur les coutumes du Vermandois, etc. *Paris, aux dépens de la Société*, 1728, 2 vol. in-fol., veau brun.

BELLES-LETTRES

Dialogue sur l'éloquence en général et sur celle de la Chaire en particulier, avec une lettre écrite à l'Académie française, par Fénelon. *Paris, chez Chamerot*, 1811, in-8, broché.

Oraisons funèbres de Bossuet, évêque de Meaux. *A. Versailles, de l'imprimerie de J.-A. Lebel*, 1816, in-8, veau.

Dictionnaire étymologique, deux grands volumes.

Probablement le dictionnaire étymologique de la langue française, de Ménage, imprimé par Briasson, en 1750.

Grammaire générale [ou exposition raisonnée des éléments nécessaires au langage, par Beauzée. *Paris, Bardou*, 1767], in-8.

Synonymes françois [leurs différentes significations et le choix qu'il en faut faire pour parler avec justesse, par M. l'abbé Girard. *Paris, V*[ve] *d'Houry*, 1736], in-12.

Nouveau dictionnaire français [pour les municipalités, les milices nationales et de tous les patriotes composé par un aristocrate. *En France, d'une imprimerie aristocratique, juin* 1790], in-8.

L'Iliade et l'Odyssée d'Homère, 6 vol.

Traduction de Mme Dacier, avec les figures de Bernard Picart.

Titi Lucretii Cari de Rerum natura libri sex. *Birminghamiæ, Joh. Boskerville,* 1773, in-8, mar. rouge, fil. tr. dorée.

Joli volume. La reliure porte l'étiquette de Derome.

Lucrèce. De la nature des choses. Traduction et notes par Lagrange. *Paris, Delongchamp,* 1823, 2 vol. in-16, brochés.

Odes d'Orace, 1 vol.

Peut-être la traduction de Pierre Didot l'aîné, parue en 1796.

Publius Virgilius Maro. Bucolica, Georgica et Æneis. *Parisiis excudebat Petrus Didot, natu major; anno Reip. VI, in ædibus Palatinis scientiarum et artium.* Pet. in-8, pap. vélin, vign., mar. rouge, fil., dos orné, tr. dor. (Bozérian).

Charmant exemplaire de l'édition stéréotype de Didot l'aîné, donné par Jean Berleux à son ami Alexandre Poiret.

Les pastorales de Nemesien et de Calpurnius, trad. en français. *A Bruxelles, chez Balthazar Winfeld,* 1744, pet. in-8, veau.

La Pharsale de lucain, 2 pet. vol. avec figures.

Satires de juvénal, 2 vol. [trad. par Dusaulx. *Paris, Lambert,* 1782].

Recueil des plus belles pièces des poètes français, depuis Villon jusqu'à Benserade. *A Paris, par la Compagnie des libraires,* 1752, 6 vol. in-12, veau.

Œuvres de Boileau-Despréaux, 3 pet. vol. [*Paris, Didot l'aîné,* 1788.]

Fables de La Fontaine, 2 vol. in-16. [*Paris, Didot l'aîné,* 1787.]

Contes de La Fontaine, 2 vol. [*Paris, P. Didot,* 1795.]

La Gazette française, un petit volume *(sic)*.

Est-ce le rare petit volume connu sous le titre suivant : la Gazette françoise pour le temps présent :

La Gazette en ces vers
Contente les cervelles :
Car de tout l'univers,
Elle reçoit nouvelles.

Imprimée à Troyes, d'après la copie imprimée à Rouen, par Jean Petit, en 1726 ?

Romances, par Berquin. *A Paris, de l'Imprimerie de Monsieur,* 1788, in-18, pap. vélin, fig. de Borel, veau marbré, fil., dos orné, tr. dorée.

Œuvres de Grécourt, 4 volumes.

Probablement l'édition de Chaigneau aîné. *Paris,* 1796, 4 vol. in-8, avec figures.

Les Jardins ou l'Art d'embellir les paysages, poëme, par M. l'abbé Delille. *Paris, Fr. Ambroise Didot aîné,* 1782, in-4, pap. vélin, mar. rouge, fil., dos orné, tr. dorée.

Bel exemplaire que j'ai cédé à mon ami de Lignerolles.

La Pucelle d'Orléans, poëme en 20 chants (par Voltaire). *Londres,* 1780, 2 vol. in-18, fig., veau.

Contes théologiques [suivis des Litanies des catholiques du XVIIIe siècle, etc. *Paris,* 1783, in-8].

LES ŒUVRES D'ÉVARISTE PARNY. *A Paris, chez Debray, de l'Imprimerie de P. Didot l'aîné,* 1808, 4 vol. — La Guerre des Dieux, poëme en dix chants. *Paris Debray,* 1808. -- Les Rosecroix, poëme en douze chants. *Paris, Debray,* 1807, 1 vol.; en tout 6 vol. in-12, veau.

LES BIJOUX DES NEUF SŒURS [*Paris,* 1790, 2 vol. fig.] Brochés.

ŒUVRES DE VADÉ, 4 vol. [*Paris,* 1788.]

CANTIQUE A S. M. NAPOLÉON LE GRAND, Empereur des Français et Roi d'Italie. Brochure.

Imprimé en 1811 par l'Imprimerie Impériale, à l'occasion de la naissance du roi de Rome.

ŒUVRES DE PIERRE CORNEILLE, 12 petit volumes (?)

ŒUVRES DE MOLIÈRE, 6 volumes.

Le format n'étant pas indiqué, il est difficile de déterminer l'édition dont il s'agit. Serait-ce celle de Bret, avec les figures de Moreau ?

ŒUVRES DE RACINE, 5 petit volumes. [*Paris, de l'Imprimerie de Pierre Didot l'aîné,* 1784.]

LA FOLLE JOURNÉE [ou le Mariage de Figaro, comédie en cinq actes, en prose, par M. de Beaumarchais. *Au Palais-Royal, Ruault,* 1785, in-8, fig.].

Première édition.

L'ÉCOLE DES ROIS, tragédie [Charles IX ou l'École des Rois, tragédie par Marie-Joseph Chénier. *Paris, Bossange,* 1790, in-8.]

SEDAINE. Œuvres choisies. *Paris, 1813, de l'Imprimerie de Pierre Didot*, édition stéréotype, 3 vol. pet. in-8, papier vélin, demi-reliure, non rog.

BIBLIOTHÈQUE UNIVERSELLE DES ROMANS [par Bastide, *Paris, Didot*, 1782, 2 vol. in-4].

ŒUVRES DE RABELAIS, 2 vol. in-4.

Probablement l'édition de Bastien. *Londres et Paris*, 1783, tirée in-4.

AVENTURES DE TÉLÉMAQUE, 2 vol. in-8 [*Paris, Didot l'aîné*, 1784].

GALATÉE, 1 vol. [Par Florian, *Paris, Didot l'aîné*, 1784.]

LE COMPÈRE MATHIEU, 4 vol. [Par du Laurens, *Paris, Le Prieur*, an V].

JACQUES LE FATALISTE, par Diderot, *Paris, Bertin*, an V (1797), 4 vol. in-18.

LES BIJOUX INDISCRETS, par Diderot. *Paris, Cazin*, 1785, 2 vol. in-18.

LE CANAPÉ COULEUR DE FEU, brochure [par Fougeret de Montbron, *La Haye, s. d.*, pet. in-8].

LE COUSIN DE MAHOMET, par Fromageot. *Constantinople, Paris*, 1786, 2 vol. in-18.

THÉMIDORE ou mon histoire et celle de ma maîtresse (par Godard d'Aucourt). *La Haye, aux dépens de la Compagnie*, 1775, in-8, veau.

LES LIAISONS DANGEREUSES, 4 pet. vol. [Par Choderlos de Laclos.]

Mémoires d'un vieillard de vingt-cing ans, un vol. broché [par Rougemont, *Paris*, 1809].

La Morale des Sens ou l'homme du siècle. (Extrait des Mémoires du chevalier de Barville.) *Londres*, 1781, in-12, cart.

Clarisse Harlowe, 10 volumes.

Traduction de Letourneur, avec figures par Chodowiecki. *Genève, Paul Barde*, 1885.

Histoire de l'admirable Don Quichotte de la Manche, trad. de l'espagnol de Michel de Cervantès (par Filleau de Saint-Martin). *Paris*, 1768, 6 vol. in-12, veau.

Histoire de Don Quichotte (traduction de Florian). *Paris, Didot*, 6 vol. pet. in-12, fig, brochés.

POLYGRAPHES

Œuvres de Lucien, 6 vol. (trad. du grec, par J.-N. Belin de Ballu. *Paris, Bastien*, 1788.]

Œuvres de Montesquieu, 5 vol. [*Paris, Bastien*, 1788].

Œuvres d'Helvétius, 14 petits volumes [*Paris, Pierre Didot l'aîné*, an III].

Œuvres complètes de Jean-Jacques Rousseau. *Paris, Déterville et Lefèvre aîné, de l'imprimerie de Pierre Didot l'aîné*, 1817, 18 vol. in-8, figures de Moreau, cart. non rognés.

Œuvres de Diderot, 15 volumes [*Paris, Naigeon*, 1798].

Œuvres de d'Alembert, 18 volumes [*Paris, Bastien*, an XIII].

Œuvres de l'abbé de Mably, 10 volumes [Œuvres réunies par l'abbé Arnoux. *Paris*, 1794-1795].

Œuvres de Voltaire, 71 grands volumes *(sic)*.

Probablement l'édition de Kehl (1784-89), en 70 vol., avec la table des matières publiée en 1801.

Nombreuses notes de Jean Berleux.

Les Chefs-d'œuvre de Pope, contenant les Essais sur l'Homme, sur la Vie humaine, sur la Critique, la Boucle de cheveux enlevée et le Temple de la Renommée. Traduits de l'anglais en vers, par MM. du Resnel, Marmontel et Mme du Bocage. *A Londres et se trouve à Paris, rue des Maçons, près la place Sorbonne, n° 3,* 1788, portr., veau, fil., dos orné, tr. dorée.

Sur les plats, dans un cartouche de maroquin rouge : Prix de Calculs *(sic)*. Exercice de l'an vi. Et, sur le faux-titre, de la main de Jean Berleux : *Prix à Augustine Berleux, chez Mme Campan.*

HISTOIRE

Discours sur l'Histoire universelle, par Bossuet. *Paris, Imprimerie de Didot l'aîné,* 1784, in-4, veau.

Abrégé de l'Histoire grecque et latine, 1 vol. [Traduit du latin de Velleius Paterculus..., par M. l'abbé Paul. *Avignon, Niel,* 1768.]

Histoire de France avant Clovis, par M. Laureau. *Paris, Lamy,* 1786, in-12, broché.

Nouvel Abrégé chronologique de l'Histoire de France, en deux parties : contenant les événements de notre Histoire depuis Clovis jusqu'à Louis XIV (par le président Hénaut). *A Paris, chez Prault,* 1749, 2 vol. in-8, veau.

Portrait de Henri IV, 1 vol. [par M. Le Clerc]. *A Paris, de l'imprimerie de Ph. D. Pierres,* 1783, in-8, portrait.

Carte d'Allemagne, pour servir à l'histoire de l'intelligence de la guerre entre les Roys de France et d'Angleterre ; entre le Roy de Prusse et l'Impératrice-Reyne, l'Électeur de Saxe, l'Empire, la Suède et la Russie. *Paris, Beaurain, géographe ordinaire du Roy,* 1765, pet. in-4, veau.

Carte très rare, admirablement gravée, divisée en quatre compartiments et suivie de 67 plans, représentant les événements les plus mémorables de la *Guerre de Sept ans.* Elle porte un titre général entouré d'attributs guerriers et des armoiries des différents princes engagés dans la lutte. Dans le haut, plane, au-dessus des trois fleurs de lis de France, une Renommée une couronne de laurier à la main.

Cette jolie composition est signée Babel : *Invenit et fecit.*

Mémoires sur la vie privée de Marie-Antoinette, suivis de Souvenirs, etc.... par Madame de Campan. *Paris,* 1822 ; 3 vol. in-8, brochés.

Almanach historique de la Révolution française pour l'année 1792, rédigé par M. J. Rabaut. *Paris, Didot, s. d.,* (1792), in-16, fig., veau.

La Constitution françoise, décrétée par l'Assemblée Nationale Constituante, aux années 1789, 1790 et 1791. *Paris, Imprimerie de Didot l'aîné,* 1791, in-16, fig. veau.

L'Inquisition françoise, 5 vol. [ou l'Histoire de la Bastille, par Constantin de Renneville, *Amsterdam, Balthazar Lakeman,* 1724.]

Considérations sur le Gouvernement de Pologne et sur sa réformation projetée, par Jean-Jacques Rousseau. *A Londres,* M.DCC.LXXXII, in-18 (Cazin), veau, fil, dos orné, tr. dorée.

Révolutions de Portugal, par l'abbé de Vertot. *Paris, chez Aug. Delalain*, pet. in-8, veau.

Voyage en Espagne, par de Langle. *Paris*, 1796, in-8 broché.

RECUEIL de quinze pièces gothiques, en vers et en prose, imprimées la plupart à Rouen, vers le milieu du XVIe siècle, pet. in-12, cartonné.

Ces quinze pièces, toutes de la plus grande rareté, sont les suivantes :

Museus. Des Amours de Leander de Hero *(sic)*, traduict en Rithme françoise par Clément Marot, de Cahors en Quercy, valet de chambre du Roy. (A la fin) : *Imprimé à Rouen par Guillaume de la Motte, s. d.* (12 ff.)

La Deploration de france sur la mort de Clément Marot, souverain poète françois. *Imprimé par Jehan Lhôme iouxte lexemple faicte à Paris, avec privilège.* (8 ff.)

Deploration sur le trespas de tres-noble princesse Madame Magdeleine de France, royne d'Écosse. Faict à Rouen, par Guillaume de la Motte, s. d. (4 ff.)

Epistre envoiee au Roy par sa sœur unique la Royne de Navarre. *Imprimé à Rouen par Jehan Lhôme*, s. d. (4 ff.)

Lettres nouvelles, contenant forme de provision : concedees et octroiees jusqu'à cent et un ans, à tous ceux qui désirent être mariés deux fois, datees du penultième iour d'avril mil cinq cent trente-six.

Sur le titre :

Seigneurs marchands et gens d'eglise
Qui liré ce petit livret,
Aioustez foy a ma folye,
Pour courroucer les femmes l'ay fait.

Le mot *finis*, au verso du dernier feuillet, est précédé de la Complainte du jeune marié :

D'avoir deux femmes ie n'ai pas grant enuie
Car la mienne a trop mauvaise teste,
Touiours sans fin après moi noise et crie
Ie la crains plus que fouldre ni tempeste.

s. l. n. d. (4 ff.)

Recueils d'Édits du roi François Ier, de 1538 à 1545. 7 pièces.

Epistre du Roy de France, envoiee aux Électeurs de l'Empire assemblez à Nuremberg, translatee de latin en françoys (par P. Tollet). l'an mil cinq cents quarante troys. *Imprime nouuellement par Jehan Lhôme... l'an* 1543 (4 ff.)

La Prinse de Tournehen, Boutoyre et de plusieurs austres chasteaux et forteresses, avecques la fuite de môsieur du Reulx, faicte par M. de Vendome, lieutenãt general pour le Roy nostre Sire au pays de Picardie. *Imprimé par Jehã Lhõme, le 29 iour d'aoust, l'an de grâce mil cinq cens quarante-deux* (4 ff.)

La Prinse de Nice en Savoye, par un gentilhomme du pays, avec une lettre envoiee par le Roy de Denemarc au tres chrestien Roy de France. *Imprimé par Jehan Lhõme,* s. d. (4 ff.)

Edict du Roy nostre Sire, sur les victuailles qui seront menez et côduitz en les camps et armees de Picardie et Champagne. Publié à Paris à son de trôpe le mardi 5e iour de iuing, l'an de grace 1543. *Imprimé par Jehâ Lhôme* (4 ff.)

La triumphante Victoire, faicte par les François sur mer, par monsieur de Sennes, capitaine coronal de trois galères, tant de Hôfleu que du Havre pour le Roy nostre Sire, avecq le nombre des navires tât prins que mis en fons. Et aussi une autre prinse faicte par le capitaine Chauldet, natif de Honfleur. Avec aultre prinse faicte sur la dicte mer par les Diépoys. *Imprimé à Rouen par Jehã Lhôme le 27 iour de iuing,* 1544 (4 ff.)

Le triumphant Baptesme de Môseigneur le Duc, premier fils de Môseigneur le Daulphin (4 ff. avec le titre, sans date et sans nom d'imprimeur).

Ordonnance faicte par les princes et estats de l'Empire, touchant la guerre par eulx entreprise contre le Turcq pour le recouvrement de Hongrie. *Imprimé par Jehã Lhôme, iouxte la forme et exemple imprimée à Paris,* 1542 (4 ff.).

Lettres patentes du Roy pour faire faire la revue de tous nobles subjects au ban et à l'arrière-ban, 1543 (4 ff.).

Extrait des lettres d'un gentilhomme de la suite de M. de Rambouillet, ambassadeur du Roy au royaume de Pologne à un seigneur de la Court, touchant la légation du dict seigneur et aultres choses memorables, observees en son voïage. De Cracovie, le douziesme iour de decembre 1573. *A Rouen, iouxte la forme et exemple imprimé à Paris par Denis du Pré.* (8 ff.). Imprimé en lettres rondes.

LIVRES ESPAGNOLS ET PORTUGAIS

HORÆ. Manuscrit de format in-8, très intéressant au point de vue de l'art espagnol dont on ne connaît que de rares spécimens. Il est décoré de 18 miniatures en pleines pages, et les marges de chaque feuillet sont ornées de figures fantastiques, de feuillages et de fleurs.

Trouvé à Burgos et payé 11 livres.

TRATADO DE LA ORACION Y MEDITACION, por el S. P. Fr. Pedro de Alcantara (*Madrid*, 1749), 3 vol. in-12, veau.

LIBRO AUREO de la vida y cartas de Marco Aurelio, copilado por don Antonio de Guevara. *En Barcelona*, 1624, in-8, veau.

DISCURSO SOBRE EL LUXO DE LAS SEÑORAS, y proyecto de untrage nacional, de orden superior. *Madrid, en la Imprenta real*, 1788, in-12, fig. broché.

GRAMMATICA DE LA LENGUA CASTELLANA, compuesta por la real Academia española. *Madrid, J. Ibarra*. 1771, petit in-8.

LOS VIDAS DE LOS PINTORES Y ESTATUARIOS EMINENTES ESPAÑOLES, por don Antonio Palomino Velasco. *Londres*, 1742, in-8, vélin.

VIAGE AL PARNASSO, compuesto por Miguel de Cervantes Saavedra. *En Madrid*, 1784, broché.

PARNASSO ESPAÑOL [Colleccion de poesias escogidas de las mas celebres poetas castellanos. *Madrid, J. Ibarra*, 1768], 9 vol. in-12, veau.

Obras de Garcilasso de la Vega. *En Madrid,* 1788, in-12, broché.

La musica, poema por D. Thomas de Yriarte. *Madrid,* 1779, in-8.

Silva venatoria. Modo de Cazar todo genero de aves, y animales. *En Madrid,* 1754, petit-in-8, parchemin.

Primera parte de los flores de poetas illustres de España, dividida en dos libros ordenada por Pedro Espinosa. *En Valladolid, por Luys Sanchez,* 1605, in-4, veau.

Anthologie assez rare.

Comedias famosas del poete Lope de Vega [recopiladas por Bernardo Grossa. *Impressas en Valencia, in casa de Gaspar Leget,* 1605, in-4], veau.

El Ingenioso Hidalgo don Quixotte de la Mancha, compuesto por Miguel de Cervantes Saavedra, nueva edicion corregida por la Real Academia española. *En Madrid, par Don J. Ibarra,* 1780, 4 vol. in-4, fig., mar. rouge à compart. (Reliure espagnole).

Novelos exemplares de Miguel de Cervantes Saavedra. [*Madrid,* 1783, 2 vol. in-8].

Los seis libros de Galatea, escritta por Miguel de Cervantes Saavedra. *Madrid,* 1684, 2 vol. in-8, brochés.

Viage fuera de España. [Por don Antonio Ponz. *Madrid,* 1785, 2 vol.].

Historia general de España, compuesta por el padre Juan de Mariana. *Madrid,* 1780, 2 vol. in-fol., veau.

Peregrinaçam de Fernam Mendez Pinto, emque da conta de muytas y muyto estranhas cousas que vio e ouvio no reyno da China, no da Tartaria, no do Sornau, etc., escrita pelo mesmo Ferña Mendez Pinto. *Lisboa, Pedro Crasbeeck*, 1614, in-fol., velin.

Édition originale très rare.

COUP-D'ŒIL

SUR LES PLUS BEAUX

SPÉCIMENS DE LA RELIURE FRANÇAISE

AUX XVIe, XVIIe ET XVIIIe SIÈCLES

18

COUP-D'ŒIL

SUR LES PLUS BEAUX

SPÉCIMENS DE LA RELIURE FRANÇAISE

AUX XVIe, XVIIe ET XVIIIe SIÈCLES

Les grandes ventes de livres, les expositions fréquentes, l'impulsion donnée par certains libraires de Paris et de Londres, ont rappelé l'attention des hommes de goût sur une branche de la curiosité qui, pendant longtemps, n'avait été appréciée que par le petit nombre. Je veux parler de la reliure ancienne. Il ne sera donc pas sans intérêt d'esquisser, même à grands traits et dans une notice forcément restreinte, l'histoire d'un art autrefois dédaigné, mais qui, par un retour de la capricieuse fortune, a reconquis de nos jours et dans des proportions éclatantes, la haute faveur à laquelle il avait droit.

Ce n'est, à vrai dire, qu'à partir du XVIe siècle, que la reliure française sort de la période de l'enfantement. Jusque-là, l'œuvre du *lieur* n'était qu'un lourd emboîtage, relevé par le travail de l'orfèvre, quand l'ouvrage était destiné à un souverain ou à un personnage de haut rang. Des reliures de la fin du XVe, avec *tympanures* (1) ou gaufrures, exposées à la bibliothèque de l'Arsenal ; d'autres faites de velours ou de soie finement brodée, comme sur le manuscrit des *Gestes de la royne Blanche* qui a appartenu à Louise de Savoie (2), sont néanmoins fort intéressantes, et indiquent qu'il existait, dès cette époque, dans les grands centres de population tels que Paris et Lyon, des ouvriers d'une certaine habileté ; mais tout change avec la Renaissance, une évolution s'accomplit et ces essais font place aux merveilles d'ornementation, dont Jean Grolier, l'argentier du roi François Ier, a rapporté d'Italie les premiers modèles.

Les reliures de Grolier sont en maroquin et en veau fauve ou brun, dont les peaux ont été écrasées à tel point qu'il faut y regarder de très près pour en reconnaître la différence. Elles sont couvertes sur les deux plats d'arabesques et d'entrelacs, dont l'enchevêtrement, parfois d'une complication extraordinaire, est toujours d'un goût très pur. Le dos, d'une grande simplicité, est à cinq ou sept nerfs, la garde intérieure ordinairement en vélin. Au bas du plat recto, se trouve l'inscription suivante : *Grolierii et amicorum.*

La Bibliothèque nationale en possède un grand nombre. Elles

(1) Livres *tympanisés*, c'est-à-dire gauffrés sans dorure.

(2) La soie qui recouvre ce manuscrit est enrichie d'une broderie qui représente, sur le plat recto, un cerf poursuivi par trois lévriers (sans doute une allusion aux persécutions dont l'auteur se plaint dans la préface de son œuvre), et, sur le plat verso, un oiseau perché sur une branche d'olivier.

Bibliothèque Nationale : livres exposés, n° 291.

sont rangées dans l'ordre suivant, d'après le style de leur ornementation : 1° Reliures à compartiments dorés, avec fleurons en plein or ; 2° reliures à compartiments dorés, avec fleurons azurés ; 3° reliures à compartiments polychromes ; 4° reliures de style italien ; 5° reliure mosaïque ; 6° reliures italiennes avec empreintes de médailles et ne portant ni le nom, ni la devise de Grolier.

Toutes ces reliures ont été décrites par le regretté M. Thierry-Poux, dans sa *Notice sur les objets exposés à la Bibliothèque nationale* ; j'insisterai donc plus particulièrement sur celles qu'il m'a été permis de voir dans les collections particulières.

Les plus importantes sont :

1° Le *Juvenalis-Persius* (Alde, 1535), in-8, revêtu d'une riche reliure dans le style italien, avec fers pleins, des ventes L. Double, Sauvage et Paillet, aujourd'hui chez M. P. Brenot ; 2° le *Sannazar* et l'*Art de la guerre*, de Machiavel, ayant également appartenu au baron Double ; 3° le *Salluste*, du baron de La Roche-Lacarelle, adjugé 7.000 francs à sa vente ; 4° le *Catulle*, in-8, vendu en mars 1856, 2.500 francs, chez M. Hebbelink, acheté par M. de Lignerolles, et revendu après lui 10.000 francs, « exemplaire d'une si merveilleuse conservation, que l'on semble craindre de le tirer de son étui, tant le maroquin en est frais et la dentelle éclatante » ; 5° le joli *Virgile* de M. G. de Villeneuve, le distingué président de la Société des Bibliophiles français ; 6° le beau volume de la vente de M. de Mosbourg : *Joannis Pontanii opera* (n° 91 du catalogue) ; 7° l'*Eloge de la Folie* (*Erasmi Roterodami Moria*, Aldus, 1515), dont la reliure couverte simplement d'entrelacs d'un dessin charmant, sans le losange et les fers azurés ou pleins que l'on voit sur les premiers Groliers, semble marquer le moment où le grand bibliophile lyonnais tend à abandonner les procédés des relieurs italiens, pour créer un art nouveau plus élégant et plus français (1) ; 8° le *Imagini con tvtti i reversi trovati et le Vite degli Imperatori* (1540), in-4, maroquin rouge à compartiments noirs et or, exemplaire Parrison ; 9° *Bernardi Justiniani de origine urbis Venetiarum* (Venise, 1534), exemplaire relié en mosaïque, annoncé au prix de 7.500 francs dans le Répertoire de la librairie D. Morgand, n° 7919, et acquis par M. P. Brenot ; 10° le *Freculphi Episcopi Lexoviensis chronicarum,* tome II, in-folio acheté 3.950 francs à la vente Brunet, par M. Dutuit ; un des plus beaux Groliers qui existent ; 11° *De Viris illustribus Ordinis Prædicatorum libri sex,* 1517, in-folio, veau fauve à compartiments, un des plus étonnants spécimens de ces combinaisons à entrelacs que Trautz devait, de notre temps, remettre en si grande faveur, également de la collection Dutuit ; enfin le *M. Antonii Nattæ de Deo libri XV ;* reliure ornée, par exception, de dessins dans le style de l'école lyonnaise, composés de rinceaux et de fers azurés, sans entrelacs, dont l'arrangement, dit, avec raison, M. Marius Michel, semble avoir été emprunté à certains entourages inventés pour Jean de Tournes, par Maître Petit Bernard. Aujourd'hui chez M. le duc d'Aumale, au château de Chantilly.

Certains livres reliés pour François Ier sont également fort remarquables, et la *Bible de Robert Estienne,* le *Tagault* et le *Galien* de la Bibliothèque nationale, le *Premier livre des discours de l'estat de paix et de guerre,* de Machiavel (Paris, 1544), in-folio, acquis au prix de 5.000 francs, à la vente Brunet, par M. le duc d'Aumale ; le *Proclus* (Paris, 1534), in-folio, offert à 7.500 francs dans le *Bulletin de la librairie Morgand* (novembre

(1) Cette reliure a été reproduite dans le *Nouvel Armorial,* de Guigard, tome II, page 246.

1895, n° 27.065), atteignent à la hauteur des plus beaux Groliers ; mais c'est surtout au commencement du règne de Henri II que l'ornementation extérieure du livre prend une importance exceptionnelle. Elle est exécutée par des ouvriers « doreurs sur cuir » inspirés le plus souvent par les grands artistes typographes du temps, et que le roi ne dédaignait pas d'encourager lui-même, s'il est vrai, comme l'a écrit M. Edouard Fournier, qu'il ait quelquefois occupé ses loisirs à manier le fer chaud.

Les reliures de Henri II se présentent sous trois aspects différents ;

Les plus ordinaires portent un encadrement de dix filets accompagnés du double D. H. et du triple croissant ; au milieu, sont frappées les armes entourées du cordon de Saint-Michel et de l'arc emblématique ; sur le dos, l'H couronné, répété sept fois, alterne avec des fleurs de lis.

D'autres sont ornées de fers azurés, de rinceaux, et quelquefois d'entrelacs plus ou moins compliqués, où sont dessinés des trophées mêlés aux emblêmes du roi ; mais ces entrelacs, au lieu d'être droits comme dans les reliures de Grolier, sont presque entièrement formés de courbes reliées à des arabesques et à des fleurons.

Enfin, sur quelques-unes, les entrelacs à mosaïque, les arabesques savantes, les volutes aux courbes gracieuses s'enchevêtrent et s'étalent avec une telle profusion, une telle richesse, que l'œil ébloui peut à peine en supporter l'éclat.

Le dos du volume, libre de toutes nervures, est traité avec une ampleur qui rappelle la belle ordonnance des plats.

La plus étonnante de ces reliures est celle du Ptolémée de la Bibliothèque nationale (1) (*Ptolemæi Geographiæ libri VIII,*

(1) Fonds grec, n° 1401.

cum Agathodæmonis Alexandrini XXVII tabulis geographicis). En voici la description telle que je l'ai donnée dans mon étude sur la *Bibliothèque de Fontainebleau et les livres des derniers Valois à la Bibliothèque nationale*.

« De très grand format in-folio, ce manuscrit écrit en grec sur vélin, avec une rare perfection, contient 101 feuillets et 27 cartes coloriées, dont la conservation est admirable. Il est relié en maroquin brun et porte un large encadrement couvert d'entrelacs noirs bordés d'argent et mêlés au triple croissant, au double D. H., à l'H couronné et à des fleurs de lis. Dans les vides formés par ces entrelacs, se trouvent placés, à intervalles réguliers, les quatre mots de la devise : DONEC TOTUM IMPLEAT ORBEM, frappés en or. Tous les croissants sont peints en blanc.

« Cet encadrement est posé en saillie sur un champ de soie bleue, couvert d'arabesques dorées faisant relief. Une bande de maroquin brun, plus étroite, forme à l'intérieur un second encadrement orné d'arabesques en argent, et faisant également saillie sur un autre champ de soie blanche couverte d'entrelacs et d'arabesques de maroquin brun découpé.

« Au centre d'un cartouche en cuir peint en rouge et bordé de maroquin brun, sont frappées les armes, en or, entourées de l'arc emblématique, des croissants ordinaires, du double D. H. et de l'H couronné, peints en blanc ou argentés.

« Le dos, d'une grande richesse, est décoré d'arabesques argentées mêlées au chiffre royal et aux croissants également argentés. Les plats sont garnis de clous et de ferrures, et les cordelettes qui servaient de fermoirs y sont encore adaptées et intactes.

« Cette reliure extraordinaire a traversé les siècles sans subir aucune altération et n'a été l'objet d'aucune retouche ».

La Bibliothèque nationale renferme plus de 300 volumes qui

ont appartenu à Henri II, et dont j'ai publié le catalogue. Je détache de cet écrin douze perles qui suffiront pour donner une idée de cet ensemble magnifique :

1° GALIEN. *Opera omnia*. Bâle, 1549, 7 tomes en 4 volumes in-folio.

Ces quatre volumes ont reçu chacun une reliure différente.

Le tome I, auquel a été réuni l'*Index*, est en maroquin olive foncé, avec un étroit encadrement dans le style italien. Des arabesques dorées et des entrelacs poussés sur maroquin fauve au fond pointillé d'or, couvrent les plats; le dos est enrichi d'arabesques et de fleurs, et les armes sont frappées en or au milieu d'un écusson relié par des courbes à l'ornementation générale.

Le second volume (tomes II et III) est sur maroquin rouge. Un encadrement décoré d'arabesques et de compartiments pointillés, entoure les plats; le dos est orné d'arabesques dans toute sa longueur, et les armes frappées en or, occupent le milieu d'un ovale semé de fleurs de lis.

Le troisième volume (tomes IV et V), en maroquin olive bruni par le temps, porte dans un large encadrement, des entrelacs reliés à des médaillons placés à intervalles réguliers, sur les quatre côtés du rectangle; le dos est criblé d'or et montre dans un riche milieu la lettre royale coupée d'un croissant; les armes sont frappées au milieu des plats, sur une pièce de maroquin rouge.

Le quatrième volume (tomes VI et VII), sur maroquin citron très foncé, présente une ornementation analogue, avec cette variante que les entrelacs mêlés d'arabesques de l'encadrement forment quatre motifs placés isolément le long de la bande; des arcs, des carquois, occupent les angles des plats; le dos, richement orné, porte, au milieu d'arabesques et de fleurs, le double

D. H. et, dans un médaillon central, le triple croissant traversé par une flèche ; les armes sont frappées en or au milieu d'un cartouche formé de volutes et d'entrelacs.

2° L'ART DE BIEN BASTIR du seigneur Léon-Baptiste Albert, gentilhomme florentin, diuisé en dix liures, traduicts de latin en françois par deffunct Ian Martin, Parisien, naguère secretaire du Reuerendissime cardinal de Lenoncourt. *Paris, Iacques Kerver*, 1553. In-folio, mar. brun, large médaillon de maroquin noir au centre duquel sont frappées les armes entourées du cordon de Saint-Michel. A ce milieu, viennent se rattacher des entrelacs et des rinceaux noirs bordés d'argent, d'un dessin magnifique, et sur lesquels se détachent les croissants et le double D. H. peints en blanc et noir ; le dos est orné d'arcs et d'écussons dans lesquels sont enfermés les croissants et le chiffre en argent bordé de noir ; tranche ciselée et peinte en noir et blanc.

3° GEOGRAPHIA DI FRANCESCO BERLINGHIERI FIORENTINO (*Florence, vers* 1480). Grand in-folio, mar. brun, encadrement d'entrelacs peints en noir et bordés d'argent ; croissants et carquois peints en blanc dans les compartiments et accompagnés du double D. H. en rouge ; H couronné, en argent, aux quatre angles des plats ; fleurs de lis frappées en or ; dos très simple et ne portant pour tout ornement que l'H couronné frappé à froid ; armes en or mosaïquées de noir ; tranche ciselée.

Magnifique reliure qui a subi des restaurations nécessaires, mais dont le dessin est un des plus beaux qui existent.

4° LES SEPT LIVRES DES HISTOIRES DE DIODORE SICILIEN, nouuellement traduyts de grec en françois. *A Paris, de l'imprim. de Michel Vascosan*, 1554. In-folio, maroquin noir, entrelacs d'un style admirable se détachant en noir sur un fond pointillé en argent et couvrant entièrement les plats et le dos du volume ; des carquois enlacés à des arcs, des croissants et le double D. H., mêlés à des arabesques et à des feuillages, sont frappés sur le dos qui porte en haut et en bas la lettre H couronnée ; armes sur maroquin brun clair.

5° IOANNES HEROLD. Originvm ac Germanicarvm antiquitatum libri. *Basileæ,* 1557. In-folio, maroquin citron, entrelacs et rinceaux sur fond pointillé, dos pointillé en argent, armes frappées en or au haut d'un écusson dont le bas est garni d'arabesques en argent, tr. ciselée.

Un des rares volumes de Henri II qui ne porte pas les emblêmes, mais dont la reliure, au double point de vue de la composition et de l'exécution du dessin, est une des plus intéressantes qu'ait produites la Renaissance.

6° LA VIE D'ANNIBAL. Manuscrit sur vélin de format pet. in-4, maroquin fauve, très riches encadrements à entrelacs sur fond pointillé d'or ; dos orné des mêmes entrelacs auxquels sont mêlés le triple croissant, des fleurs de lis et l'H couronné.

7° MISSEL ROMAIN. *Paris,* 1542. In-folio, maroquin noir, entrelacs de maroquin brun clair bordés de filets dorés, couvrant entièrement le dos et les plats du volume et venant se relier à un médaillon décoré d'arabesques, où sont enfermées les armes ; tranche ciselée.

Très belle composition dans le genre des reliures de Maioli.

8° FRANCISCI VICOMERCATI MEDIOLANENSIS in octo libro Aristotelis de naturali auscvltatione commentarii (1550). In-folio, mar. noir, entrelacs et rinceaux en mosaïque de mar. brun clair couvrant entièrement les plats du volume et venant se rattacher par des courbes à un médaillon central où sont frappées les armes également en mosaïque de mar. fauve; sur le dos, dans un milieu figuré par des arcs et rappelant le dessin principal, le double D. H. et le croissant.

Un des joyaux de la Bibliothèque Nationale.

9° TABULÆ LIGNEÆ quibus continentur figuræ chartaceæ et mobiles ad explicationem motũs sphæræ octovæ, nonæ et epicylorum planetarum accommodatæ.

Sorte de boite, très curieuse, exécutée sur le modèle d'un livre, avec reliure dans le style vénitien, composée d'un étroit encadrement de maroquin rouge orné des emblêmes ordinaires du roi, et faisant saillie sur un panneau de soie bleue couvert d'arabesques en maroquin citron et blanc; autour des armes, un autre panneau bordé de maroquin brun faisant également relief, est décoré de fleurs de lis, de croissants, d'arcs enlacés à des carquois, et du double D. H. frappés en or.

10° ITINERIŨ PORTUGALLESIŨ E LUSITIANA IN INDIA et inde in Occidentem et demum ad Aquilonem, ex Vernaculo sermone in latinum traductum (1508). Pet. in-folio, mar. citron, large encadrement à entrelacs de mar. noir bordé d'argent et renfermant dans leurs compartiments l'H couronné en argent et les croissants accompagnés du double D. H. en rouge; armes sur maroquin noir; tr. ciselée (1).

11° PAULI JOVII.. ILLUSTRIUM VIRORUM VITÆ (1551). In-folio, mar. rouge, arabesques à mosaïque de mar. noir frappées à froid et couvrant entièrement les plats; dos également orné d'ara-

(1) Réserve : G[1].

besques et portant un carquois au centre ; armes poussées au milieu d'un cartouche dont le fond est pointillé d'or ; tr. ciselée (1).

12° COMMENTARII IN SEPTEM TRAGÆDIAS SOPHOCLIS (1518). Pet. in-4, mar. noir, encadrement de mar. noir orné d'arabesques et de feuillages frappés en argent et faisant saillie sur un panneau de soie bleue dont les coins sont garnis de cuir estampé ; chiffres et armes également découpés dans du cuir doré et placés en relief ; dos uni avec filets dorés à la place des nervures ; tr. jasp. de différentes couleurs (2).

Reliure curieuse, mais lourde ; le seul spécimen de ce genre que j'aie rencontré dans la bibliothèque de Henri II.

Il convient d'ajouter à cette liste nécessairement écourtée, le magnifique exemplaire des *Pandectes*, et le bel in-folio *H. Vegetii de re militari Libri quatuor* (Paris, 1532), couvert d'entrelacs mosaïqués de différentes couleurs, qui appartiennent à la bibliothèque Mazarine.

Certains volumes de Diane de Poitiers, tels que la *Boscachardine*, de la Bibliothéque Nationale (3), les *Orationes Basilii* (Paris, 1556), de la Bibliothèque de Reims ; les *Hippolyti Salviani aquatilium animalium Historiæ* (Rome, 1557), de la Bibliothèque de Poitiers ; les *Chants royaux en l'honneur de la Vierge*, de la Bibliothèque de Copenhague, méritent également d'être cités.

A signaler, en même temps, les *Discours astronomiques* de Jacques Bassantin, au chiffre et à la devise de Catherine de

(1) Réserve : K 35.
(2) Réserve : Y 383 A.
(3) Bibliothèque Nationale : livres exposés, n° 290.

Médicis (1), un des chefs-d'œuvre de la reliure au XVIe siècle; la *Geographia de Claudio Tolomæo Alexandrino* (Venise, 1561), in-folio vélin, couvert d'une riche dorure à entrelacs et à arabesques, aux chiffres de Charles IX et de sa mère, la reine Catherine, que possède la Bibliothèque de Lyon, et le *Premier tome de l'Architecture de Philibert de l'Orme,* également aux armes de Catherine de Médicis, et dont la Bibliothèque de Berlin a fait l'acquisition.

Si des dépôts publics nous passons aux bibliothèques particulières, nous y rencontrons encore, mais en très petit nombre, de remarquables spécimens de ces merveilleuses reliures.

Je citerai tout particulièrement les suivants :

Aux armes de Henri II :

1° *Joachimi Perionii dialogorum de linguæ gallicæ origine... libri* (Paris, 1544), in-8, compartiments et arabesques sur les plats et sur le dos, armes et chiffres couronnés ; exemplaire des bibliothèques Brunet et Lacarelle; vendu 7,710 francs à la vente de ce dernier.

2° *Adamanti Origenis de recta in Deum fide dialogus* (Paris, Michel Vascosan, 1556), in-fol., mar. citron pointillé d'argent; compart. et arabesques de mar. noir, au milieu desquels se détachent sur un fond fauve, les emblêmes ordinaires de Henri II et de Diane de Poitiers. Adjugé 18.000 francs, à la vente Muller (Paris, Damasc. Morgand, 12 mars 1892).

3° Le *Livre d'architecture sur les Antiquités romaines,* d'Antonio Labacco (en italien). In-folio, reliure à mosaïques de mar. vert, citron et noir, encadrée dans une large bande de mar. citron couverte d'arabesques en vert et argent mêlées au triple croissant

(1) Bibliothèque Nationale : livres exposés, no 417.

et au double D. H. Aux quatre coins intérieurs de cet encadrement, sur un fond pointillé d'or, sont figurés le carquois et l'arc emblématique. Les armes entourées du cordon de Saint-Michel, se trouvent au centre, dans un médaillon mosaïqué de vert et de noir, criblé d'or, dont on ne saurait trop admirer l'agencement et le goût.

Superbe reliure d'une conservation parfaite. Elle appartient à M. de Villeneuve.

4° *Pindari, Olympia, Pytia, Nemea, Isthmia* (Alde, 1513), pet. in-8, mar. rouge, encadrements de filets, armes entourées de l'arc emblématique, chiffre et croissants aux angles, H. couronnés et fleurs de lis répétés sur le dos, tr. dor. et ciselée, fermoirs et clous.

Exemplaire provenant des bibliothèques d'Ourches, Duriez et Beckford.

5° *Commentarii linguæ græcæ, Gulielmo Budæo auctore* (Paris, 1548). In-folio, veau brun, riches comp. de mosaïque, tr. dor. et ciselée, clous et fermoirs.

Un des plus beaux spécimens de ces reliures très rares qui présentent, au milieu des plats, l'effigie de Henri II poussée en or et en creux. (N° 2426 du Répertoire méthodique de la Librairie D. Morgand, annoncé au prix de 10,000 fr.). Appartient à M. P. Brenot.

Et pour clore cette nomenclature de chefs-d'œuvre : l'*Éloge de Henri II*, de Paschal (Paris, Vascosan, 1560), in-folio, veau fauve, compart. de couleurs et entrelacs sur les plats, dos orné, tr. dorée; exemplaire aux armes du connétable de Montmorency, acquis à la vente du marquis de Ganay, par M. Dutuit, au prix de 5.500 francs, sans les frais; le *Livre de la Conqueste de la Toison d'or*... (Paris, 1563), in-folio obl.; riche reliure en mosaïque dont les plats sont entourés d'une large bande à entrelacs et fers azurés et portent les armes peintes du duc de Guise (n° 1636 du catalogue de M. Destailleur), acheté 12.500 francs pour M. le duc d'Aumale ; le précieux Gesner de la bibliothèque Beraldi (1), et la *Cyropédie de Xénophon*, traduite par Jacques de Vintemille (Lyon, 1555), pet. in-4, mar. brun, encadré dans une large bande à entrelacs formant une série de médaillons et de rosaces où sont enfermés des fleurs de lis et les chiffres couronnés de Henri II et de Catherine de Médicis ; reliure charmante (2), un des joyaux de la collection de M. de Villeneuve.

Sous Charles IX, la reliure subit un temps d'arrêt et ne se relève qu'avec Jacques-Auguste de Thou, le grand bibliophile de la fin du XVIe siècle. L'art abandonne le grand style des puissants ouvriers de la Renaissance ; mais si les entrelacs géométriques aux courbes savantes font place aux volutes, aux arabesques, aux rinceaux de feuillages, à tous les caprices de la fantaisie la plus ingénieuse et la plus variée, on peut affirmer que jamais plus délicieux amalgame de dorures n'a été inventé pour réjouir les yeux.

A citer dans ce genre de reliures :

1° Le *Mathioli : I discorsi di Pedacio Dioscoride*, Venise, 1568, in-folio, aux armes de de Thou et de sa première femme Marie de Barbançon, (3) ; 2° le *Recueil d'Estampes de Hogenberg*, d'après les tableaux de la Ligue, de Tortorel et de Périssin, pet. in-folio., mar. vert, aux premières armes de de Thou, acheté par Renouard, à la vente Soubise, acquis depuis par le baron Jérôme Pichon, payé plus tard 10.000 francs par le baron de la Roche-Lacarelle, et vendu après lui, 12.000 francs ; 3° *Les*

(1) V. *Appendice*.

(2) Décrite et reproduite dans les *Femmes bibliophiles...*, tome I, page 95.

(3) Bibliothèque Nationale ; livres exposés.

Ordonnances royaux sur le faict et juridiction de la Prévoté des marchands, Paris, 1582, in-4, mar. vert; riche reliure aux armes d'Étienne de Nully, prévôt des marchands, sous la Ligue, dorée avec les fers qui ont servi pour la reliure précédente, — de la collection de M. G. de Villeneuve; 4° *Homeri Ilias* (Paris, 1554), in-8, mar. bleu, couvert d'entrelacs sur les plats et sur le dos, — de la même collection; 5° le *Psavltier de David*, du comte de Lignerolles (n° 40 de son catalogue); 6° le *Verrius Flaccus*, de la bibliothèque Brunet, qui appartient à M. Dutuit; 7° *Lé libri de re rustica* (de la collection Double), qui fait partie de la bibliothèque du baron J. de Rothschild ; 8° le *Commines* (Paris, 1580), aux armes de Henri III, et *I Salmi di David* (Paris, 1573), de la Bibliothèque Nationale; 9° les *Méditations des Zélateurs de piété*, aux armes de Henri III, de la Bibliothèque Mazarine; 10° le *Catulle*, de de Thou (1), aujourd'hui chez M. Dutuit.

Ces dorures élégantes et toujours admirées étaient l'œuvre des Ève qui ont attaché leurs noms à d'autres reliures d'un caractère plus féminin, mais d'un goût exquis, les reliures aux médaillons fleuris, dont un assez grand nombre, portant sur les plats une bande fleurdelisée et la devise *Expectata non eludet*, passent pour avoir fait partie de la bibliothèque de Marguerite de Valois (2), bien que, d'après des recherches récentes, elles paraissent avoir appartenu plutôt à la fille d'un bâtard de Henri III, Marie-Marguerite de Valois-Saint-Remy, dont la

(1) Vente du prince Radziwill (n° 649 du catalogue). *Mes Livres*, n° 50.

(2) Le plus joli spécimen de ces reliures charmantes, toujours si disputées dans les ventes publiques, est le *Ronsard* (Œuvres reveues et augmentées. Paris, Nicolas Buon, 1587), annoncé, avec fac-simile, dans le *Bulletin de la Librairie Morgand* (novembre 1889, n° 17757).

famille portait d'*argent à la fasce d'azur chargée de trois fleurs de lis d'or.*

II

La seconde partie du règne de Louis XIII marque, à son tour, une époque de transformation.

Aux Ève qui relièrent jusqu'en 1627 et à qui nous devons encore le joli volume aux armes et au chiffre de Henri IV, *Iohannis Bonifacii de Mariæ Virginis matris Dei vitâ* (Paris, 1604), acquis récemment par M. de Villeneuve, succédèrent les Ruette dont la reliure, excellente comme *corps* d'ouvrage, est lourde et sans caractère artistique, au point de vue de l'ornementation.

Le Gascon, qui vient après eux, substitue aux semis monotones et aux lourds encadrements de ses prédécesseurs, de simples filets droits ou courbes, aux coins pointillés, accompagnés de milieux copiés, le plus souvent, sur de riches dessins de broderies ou de dentelles. C'est à cette première manière qu'appartiennent les jolies reliures aux chiffres de Louis XIII et d'Anne d'Autriche, dont l'*Utopie de Thomas Morus,* de la vente Brunet, est le prototype, et toute une série de charmants petits in-12 qu'il fit plus tard pour Habert de Montmort, conseiller au Parlement de Paris.

Les livres qu'il relia, vers le même temps, pour l'amateur Élie de Fresnoy, sont également des modèles d'élégance et de bon goût.

Mais ce sont les tâtonnements d'un artiste qui cherche sa voie. Il est bientôt en pleine possession de son talent et nous voyons, vers la fin de la minorité de Louis XIV, sortir de ses mains ces magnifiques entrelacs dont les compartiments et les fonds entièrement dorés à petits fers et couverts de pointillés, ont mis le comble à sa réputation.

Les reliures qui, dans cette dernière manière, passent avec raison pour ses plus belles œuvres et que M. Ernest Thoinan, dans une appréciation fantaisiste (1), a cru devoir attribuer à Florimond Badier, son contrefacteur plusque médiocre (2), sont les suivantes :

1° *Adonis*, poème de La Fontaine, manuscrit de Jarry, in-4, exécuté en 1658, pour le surintendant Fouquet, de la collection de M. Dutuit, de Rouen, reliure éblouissante reproduite dans le livre de MM. Marius Michel; 2° le *Traité de la connoissance des animaux*, de La Chambre, aux armes du prince de Condé, à la Bibliothèque Nationale; 3° la *Guirlande de Julie*, manuscrit de Jarry, de format in-folio, écrit en 1641 pour Mademoiselle de Rambouillet, Julie-Lucine d'Angennes. (La reliure de ce galant volume, qui appartient aujourd'hui à Madame la duchesse d'Uzès, née de Mortemart, est en maroquin rouge avec filets, doublée de maroquin rouge, et enrichie au dehors et au dedans du chiffre de Julie (J. L. entrelacés) répété à l'infini; 4° *la Vie du cardinal de Bérulle*, par Germain Hubert, abbé de Cerisy, Paris, 1646, aux armes du chancelier Séguier, acquis par le baron James de Rothschild; 5° l'*Éloge de sainte Geneviève*, Paris, 1663, in-8, aux armes de Marie-Thérèse d'Autriche, reine de France (3); 6° les *Saintes prières de l'Ame chrestienne*, escrites par P. Moreau, in-8, Paris, 1649, des bibliothèques Brunet et de Lacarelle, vendues 7.150 francs à la vente de ce dernier; 7° les *Simulachres*... exemplaires de Mazarin, de la Bibliothèque Mazarine; 8° les *Mémoires de la reyne Marguerite*, Paris, 1628 (catalogue Brunet, n° 962); 9° l'*Anacréon*, en grec (Paris, 1639),

(1) *Les Relieurs français*, page 197.

(2) V. à la Bibliothèque Nationale la lourde dorure de l'IMITATION DE JÉSUS-CHRIST (Paris, 1640), signée *Florimond Badier invenit et fecit*.

(3) Bibliothèque Nationale, livres exposés, n° 473.

exemplaire de Chardon de la Rochette et de Renouard, aujourd'hui chez M. Dutuit; 10° l'*Officium Beatæ Virginis Mariæ*, au chiffre de la reine Anne d'Autriche (catalogue Didot, 1879), vendu 27.000 francs; 11° la *Biblia sacra*... Cologne, 1630 (Bible dite des Évêques), in-8, « un bijou » (1) acquis par M. Dutuit, à la vente du marquis de Ganay ; 12° *Preces christianæ*, manuscrit écrit par Jarry, en 1652, in-12, reliure entièrement couverte à l'intérieur et à l'extérieur d'ornements en or exécutés à petits fers et au pointillé, et dans laquelle, au dire de Potier, Le Gascon se serait surpassé (catalogue du baron de Rothschild, n° 34); 13° *Prières chrestiennes*, autre Jarry portant la même date que le précédent et dans une reliure identique; — le *Discours de l'amitié et de la haine entre les animaux*, par de La Chambre, aux armes de Louis XIV ; — *Officium Beatæ Mariæ Virginis* (Antverpiæ, 1628), in-4, mar. rouge à mosaïque de maroquin vert ; — *Officium Mariæ Virginis* (Paris, de Marnef, 1616), in-12, mar. rouge doublé de maroquin rouge et couvert au dedans et au dehors d'entrelacs et de dorures au pointillé; — les *Œuvres d'Ausone* (Ausonii Burdigalensis opera; Amstelodami, 1621), in-12, maroquin rouge ; — de la bibliothèque de M. de Villeneuve; 14° les *Homelies du Bréviaire*... Paris, 1640, 2 vol. in-8, aux armes du chancelier Séguier, adjugés 10.000 francs, à la vente du comte de Lignerolles.

Dans les dernières années du règne de Louis XIV et sous l'influence des essais de réforme que les jansénistes cherchent à introduire dans les mœurs, la reliure prend un aspect froid et sévère. Un double trois-filets sur les plats et un fleuron aux angles, quelquefois même un simple trois-filets, remplacent les dentelles éblouissantes de Le Gascon.

(1) Brunet, *Manuel* I, 878.

Quel fut le promoteur de cette nouvelle manière ? Le nom de l'abbé de Seuil ou Du Seuil, mis en avant par Charles Nodier, Leroux de Lincy et Édouard Fournier, a été repoussé, non sans ironie, par M. Ernest Thoinan. A l'entendre, l'abbé du Seuil n'aurait jamais existé.

Mais pourquoi donc ?

Sans parler de la Bibliothèque du comte de Loménie de Brienne, où la mention « relié en maroquin par l'abbé du Seuil » se trouve dans un grand nombre de volumes, qu'y aurait-il d'invraisemblable à ce qu'un abbé du Seuil eût relié dans ce temps-là ? Boivin, dans son *Mémoire manuscrit sur l'histoire de la Bibliothèque royale,* ne cite-t-il pas un abbé de Louvois qui « avoit pour amusement ordinaire de relier des livres » et qui recouvrit un grand nombre de manuscrits de la Bibliothèque Nationale (1) ? Cette singularité d'un abbé relieur ne serait donc pas sans exemple.

Après Du Seuil apparaît Boyet. Peu prodigue de riches dorures, Boyet excellait dans ce qui constitue la reliure proprement dite. Ses volumes ornés de simples filets à l'extérieur et le plus souvent doublés de maroquin, sont la dernière expression de l'art.

Les rares exemplaires du joli Marot Elzévier (La Haye, Moetjens, 1700) qu'il a reliés avec cette simplicité élégante, sont de véritables bijoux et comptent aujourd'hui parmi les livres les plus enviés. C'est ainsi que l'exemplaire de Brunet, relié en maroquin vert clair, doublé de maroquin citron, payé 750 francs, en 1868, monte quelques années plus tard, à 3.120 francs, à la vente du comte de Béhague, et que celui du marquis de Ganay,

(1) Vr *La Bibliothèque de Fontainebleau et les livres des derniers Valois à la Bibliothèque Nationale,* Paris, Ém.-Paul, Huard et Guillemin, 1891, page 43.

en maroquin rouge, doublé de maroquin olive, adjugé à 2.520 francs, en 1881, atteint, à la vente du baron de La Roche-Lacarelle, le chiffre rond de 4.000 francs.

Boyet, qui était relieur du roi et travaillait pour les grands amateurs du temps et plus particulièrement pour Fléchier et Colbert, fit pour la duchesse de Bourgogne et Madame de Chamillart des reliures également très appréciées. Quelques-unes, mais en petit nombre, sont décorées sur les plats d'une large dentelle. Les principaux volumes qui ont reçu cette ornementation, sont : 1° un *Livres d'Heures*, manuscrit sur vélin de la fin du XVe siècle (1), relié pour Marie-Adélaïde de Savoie, en maroquin vert doublé de maroquin rouge, avec gardes de soie, tranches dorées et peintes : 2° les *Homélies de Saint Jean Chrysostôme*, Paris, 1693, 3 vol. in-8, également en maroquin vert, avec larges dentelles, soleils sur les plats, les armes de la duchesse au milieu et les chiffres couronnés sur le dos ; superbe exemplaire de la Bibliothèque Nationale ; 3° la *Vie des Saints pour tous les jours de l'année.* Paris, grand in-folio recouvert de maroquin rouge, doublé de maroquin rouge, reliure magnifique dont le dos est orné, par exception, de rinceaux et de fleurons au pointillé dans le genre de Le Gascon, une des plus belles que Boyet ait exécutées pour la duchesse de Bourgogne (2) ; 4° le *Théâtre de Corneille,* Paris, 1706, édition en dix volumes, et le *Testament politique du cardinal de Richelieu,* pet. in-12, reliés pour Madame de Chamillart.

III

Nous arrivons au XVIIIe siècle, le siècle de la galanterie et de la parure.

(1) Bibliothèque de M. le Duc d'Aumale, au château de Chantilly.
(2) Bibliothèque Nationale, Réserve : H. 330.3.

Le premier relieur à citer est Augustin Du Seuil, — un Du Seuil authentique (1), — dont M. Ernest Thoinan a fait le plus pompeux éloge, sans avoir jamais rencontré une seule reliure qu'on pût lui attribuer avec certitude.

Puis les Padeloup et les Derome se chargent d'habiller, comme il convient, ces charmantes productions qui commencent au *Daphnis et Chloé* du Régent, pour finir avec les *Baisers de Dorat* et les *Chansons de La Borde.*

Le premier de la *dynastie* des Padeloup, Nicolas, continue les bonnes traditions de ses devanciers ; son corps d'ouvrage offre les mêmes qualités, avec plus de légèreté dans les *chasses* et une finesse exagérée dans les *coiffes*. Il sacrifie au goût du moment en couvrant ses volumes de dorures étincelantes et, quelquefois, de mosaïques d'un dessin un peu lourd, mais d'un grand effet décoratif. Ses plus beaux ouvrages en ce genre sont ceux qu'il exécuta sur les exemplaires du *Daphnis* que Philippe d'Orléans faisait relier pour lui-même ou pour ses amis, et dont j'ai possédé un si intéressant spécimen (2).

Une *Semaine sainte* (3) qui a appartenu à Mademoiselle de Blois, devenue duchesse d'Orléans, et dont la reliure rappelle celle du *Daphnis*, par l'importance du cartouche où sont frappées les armes et la disposition des palmes en mosaïque qui décorent les plats, mérite également d'être signalée.

Son fils, Antoine-Michel, est l'inventeur de ces espèces de marqueteries en peaux, sortes de damiers, qu'on a appelées reliures

(1) Né en 1673, mort en 1746. M. le Baron Pichon (dans la Vie du comte d'Hoym, tome Ier, pp. 167 et 168), attribue à Augustin du Seuil la magnifique reliure à mosaïque, exécutée sur le *Bréviaire des Frères mineurs*, qui provient de la vente La Bédoyère et que possède M. Dutuit.

(2) *Gazette des Beaux-Arts*, octobre 1879, et *Mes Livres*, nº 133.

(3) Catalogue de la Bibliothèque du Baron James de Rothschild, nº 23.

à répétition. L'*Office de la Toussaint* (1), payé 18.600 francs à la vente Lacarelle, et le *Catulle*, du comte d'Hoym, de la bibliothèque du baron James de Rothschild, tous deux si fidèlement reproduits dans le *Bulletin de la Librairie Damascène Morgand*, sont les plus beaux modèles de ce genre que Trautz devait adopter plus tard et pousser jusqu'à la dernière limite de la perfection.

Jacques-Antoine Derome et son fils Nicolas, après avoir signé de très belles compositions, comme celles que nous voyons sur le manuscrit de la *Fête de Chilly*, offert à Marie-Antoinette (2), et la *Rodogune*, de Corneille, reliée pour Madame de Pompadour, tentèrent de se servir de la mosaïque pour représenter des feuillages et des fleurs. Les *Contes de La Fontaine*, des Fermiers généraux, et l'*Horace*, de Pine, de la vente Brunet, dont M. Eugène Dutuit fit l'acquisition, témoignent du soin qu'ils apportaient à ces travaux; mais ils s'arrêtèrent sur cette pente, où s'engagea plus témérairement un autre relieur, Monnier, qui voulant dépasser ses rivaux, tomba dans une exagération d'un goût discutable. Les types les plus curieux de ces reliures excentriques sont les suivants :

1° L'*Imitation de Jésus-Christ*, que possède M. de Sauvage, et dont le décor est un fouillis de toutes sortes de chinoiseries multicolores : pagodes, minarets, dragons, dromadaires, scènes de l'ancien Testament, avec personnages en costumes chinois, etc. (3);

2° Un *Daphnis et Chloé* de 1718, représentant sur les plats du volume, au milieu d'un cadre de fleurs, d'oiseaux et d'attri-

(1) Acheté 50 fr. chez Pixérécourt, par le baron Jérôme Pichon, et revendu 1799 fr. à sa vente.

(2) Ce précieux volume appartient aujourd'hui au baron Pichon.

(3) V[r] *Bulletin de la Librairie D. Morgand*, mars 1883, n° 8311.

buts champêtres, un arbre garni de houlettes enrubannées, sous lequel un chien garde deux moutons (1);

3° Le *Livre de Prières* de Marie-Josèphe de Saxe, œuvre bizarre et compliquée, où l'on voit un oiseau perché au milieu de fleurs variées, et tenant dans son bec un médaillon décoré du chiffre de la Dauphine, en lettres d'or (2).

Ces trois reliures, dont l'exécution dénote, — il faut en convenir, — une habileté de main prodigieuse, peuvent être considérées comme les *chefs-d'œuvre* de Monnier qui, dans un excès de contentement, les a signées jusqu'à sept fois, sur les plats et dans la doublure : *Monnier fecit.*

Les Padeloup, les Derome et Monnier, lui-même, se sont créé d'autres titres à notre admiration, en attachant leurs noms à de charmantes dentelles inspirées par un art qui n'a jamais été plus brillant qu'à cette époque, celui de la serrurerie.

Derome le jeune a laissé le dessin d'une de ces dentelles que rehausse un très joli fer représentant un oiseau aux ailes éployées et dont le succès est toujours très grand, témoin le bel *Anacréon*, in-4 (Paris, 1773), payé 3.780 francs à la vente Lacarelle, par Madame la comtesse de Noë.

Il avait beaucoup de goût et reliait avec la solidité des Du Seuil et des Boyet (bien qu'on doive le blâmer d'avoir inventé à la fin de sa carrière ces reliures à dos plats, si malencontreusement imitées par ceux qui relièrent de son temps ou qui lui succédèrent); mais il rognait d'une façon cruelle, et Dibdin, dans son *Voyage bibliographique en France,* lui en fait un

(1) Cette reliure, qui a été reproduite avec une rare perfection par M. Léon Gruel dans son beau travail le *Manuel de l'Amateur de reliures*, a passé de la bibliothèque de M. Daguin, dans celle de son gendre, M. de Marchéville.

(2) Bibliothèque Nationale, livres exposés, n° 659.

reproche, en l'accusant de maltraiter les pages au point de « leur couper la tête et les épaules ».

Le dessinateur héraldique, Pierre-Paul du Buisson, auteur de l'*Armorial des principales Maisons et Familles de France,* fut aussi relieur-doreur. La très jolie carte d'adresse que lui grava Eisen, ne laisse aucun doute à cet égard.

Sans parler d'un certain nombre d'exemplaires de son armorial, reliés avec un luxe d'ornements fort galamment appropriés à leur destination, il a exécuté d'autres reliures d'un grand caractère, notamment sur l'exemplaire in-folio de la *Jérusalem délivrée* (Venise, 1745), offert à Marie-Antoinette (1), et sur le manuscrit des *Instructions données à Lapeyrouse pour son voyage autour du Monde,* relié pour Louis XVI, et qui appartient à la bibliothèque Mazarine.

Dessinateur ingénieux, du Buisson appliqua l'extrême facilité dont il était doué, à faire vite, et fut l'inventeur de ces plaques à riches combinaisons dont sont recouverts la plupart des almanachs royaux qui datent de cette époque. Quelques-unes sont très belles, et celle du *Royalisme,* offert à Madame du Barry par Limayrac (2), est tout particulièrement remarquable.

A la fin du XVIIIe siècle, les bonnes traditions disparaissent : les Vente, les Redon, les Biziaux et autres ouvriers de second ordre, encombrent les grandes bibliothèques de productions batardes et vulgaires. Les nobles émigrent devant la Révolution, l'argent se fait rare, et la reliure des Padeloup et des Derome fait place au cartonnage *égalitaire.*

---

(1) Bibliothèque Nationale, très riche reliure à compartiments, n° 483 des livres exposés.

(2) Bibliothèque de Versailles (Vitrine).

IV (1)

Il faut attendre jusqu'à 1810 pour retrouver un nom de relieur, celui de Courteval, inventeur malheureux de la *gaufrure* et du *papier granit* (2), et dont le seul mérite est d'avoir laissé assez de marges à ses volumes pour qu'il fût possible de les relier de nouveau.

Les deux Bozérian « qui prodiguaient en même temps la dorure, le tabis, la mosaïque et le mauvais goût », a écrit Paul Lacroix, eurent le tort de tomber trop servilement dans l'imitation du genre anglais, alors à la mode ; mais ils surent également respecter les marges, et les soins qu'ils ont apportés dans le battage, la couture et l'endossure des livres qui leur étaient confiés, accusent un réel progrès.

Thouvenin fit mieux et, sans nous associer aux éloges exagérés de Nodier, nous devons lui savoir gré d'être retourné aux véritables traditions. S'il laisse souvent à désirer au point de vue de la dorure et de l'ornementation, si son dessin est gauche et vise trop à l'effet, il faut reconnaître que son corps d'ouvrage est toujours excellent et qu'il a contribué largement au réveil qu'avaient préparé ses prédécesseurs.

Simier et Purgold déployèrent les mêmes qualités. Niédrée, qui relia vers le même temps, leur est de beaucoup supérieur et atteint quelquefois à la perfection ; mais c'est à Bauzonnet et surtout à son gendre Trautz, qu'était réservé l'honneur de rendre à la reliure française l'éclat dont elle avait brillé pendant près de trois cents ans.

(1) Cette dernière partie est la reproduction du chapitre IV de *A travers les livres* (Paris, E. Paul, Huard et Guillemin, 1895, pet. in-8.) Il nous a paru intéressant de la joindre à cette étude dont elle est le complément naturel.

(2) Lesné, *La Reliure*, poème, pages 121, 196.

Trautz-Bauzonnet, le maître incontesté de la reliure moderne, est né en 1808. Après être entré en apprentissage en 1822, et avoir travaillé pendant deux ans et demi à Heidelberg, chez un vieux relieur de l'Université, il parcourut les principales villes d'Allemagne pour se perfectionner dans son art, et arriva à Paris en mars 1830. Accueilli par un compatriote qui lui donna du travail à raison de deux francs par jour, il profita chez lui des leçons d'un habile doreur, Debès, qui lui apprit la manière de tracer le dessin sur la peau du livre.

Reçu, en 1833, comme ouvrier doreur chez Bauzonnet, son futur beau-père, il devint son associé en 1840. A partir de cette époque, toutes les dorures sorties de l'atelier sont exécutées par lui et signées *Bauzonnet-Trautz*.

Bauzonnet s'étant retiré en 1851, son gendre prit la direction de la maison et la garda jusqu'à sa mort (1).

Trautz débuta dans la carrière au moment où les dos à *la grecque*, le maroquin à *grain long* et l'emploi des plaques gravées frappant d'un seul coup l'ornementation de chaque plat, mode expéditif et peu coûteux, étaient encore en pleine faveur; son grand mérite est d'avoir réagi, de concert avec Bauzonnet, contre ces habitudes déplorables, où l'industrie trouvait son compte au préjudice de l'art. C'est en s'inspirant de la manière de faire des anciens maîtres, qu'il entreprit de ramener la reliure aux saines traditions du passé et que, par un prodige d'habileté et de patiente observation, il sut réunir à la richesse des Ève et de Le Gascon et à l'élégance des Padeloup et des Derome, les solides qualités de Boyet qu'il ne cessait d'admirer et qu'il avait pris pour modèle.

(1) Ces détails ont été empruntés à une note fournie par Trautz lui-même, et qui a été insérée dans le *Bulletin mensuel de la Librairie Morgand* (nº 12, novembre 1880).

Le reproche qu'on lui a fait de n'avoir rien ou presque rien créé, n'est pas sans fondement. A vrai dire, il n'inventa rien ; mais ses imitations des magnifiques reliures à compartiments de la Renaissance, des dorures au pointillé de Le Gascon et des dentelles des grands relieurs du XVIIIe siècle, sont arrangées avec un sentiment si personnel ; son ornementation revêt un si grand caractère ; sa manière de dorer a donné des résultats si surprenants, que ces *imitations* ont toujours été préférées par les hommes de goût aux créations compliquées et surchargées de dorures à effet qu'ont imaginées ses rivaux.

Les *Groliers* les plus réussis, sortis de la main de Trautz, sont ceux qu'il exécuta sur le *Du Guesclin*, in-4 (Lyon, vers 1480), de la vente Yemeniz, les *Chroniques de Charles VII*, in-4 (Paris, 1528) (1), et sur un petit volume in-24 allongé : *Complainte tres piteuse de Flamette à son amy Pamphyle*, trad. de Boccace en français (Lyon, 1532), qui figure au catalogue de la vente Brunet, n° 458.

Parmi les imitations qu'il fit des reliures des Ève, il convient de signaler : 1° celle qu'il exécuta pour le comte de Lignerolles, sur un exemplaire de la première édition des *Contes de la reine de Navarre* (Paris, 1558) ; 2° le *Thrésor de la Cité des Dames* (2), de Christine de Pisan, dont une reproduction, au moyen de l'héliogravure, a été donnée dans le catalogue des livres du baron de La Roche-Lacarelle ; 3° les *Pourtraicts divers* (3) (Lyon, 1557) ; 4° la mosaïque de la *Louise Labé* de 1555, son chef-d'œuvre (4), et toute une série de ravissants petits volumes de format in-16, couverts de médaillons fleuris (marguerites,

(1) *Mes livres*, n° 195.

(2) *Ibid.*, n° 23.

(3) Catalogue de la Bibliothèque du baron de Lacarelle, n° 92.

(4) Bibliothèque du baron J. de Rothschild. (*Mes livres*, n° 69).

tulipes et pensées) et répandus, pour la plupart, dans les bibliothèques de ses clients préférés.

Les dorures que Trautz emprunta à la manière de Le Gascon sont nombreuses et se trouvent notamment sur le superbe *Jarry*, du baron de Ruble, la doublure intérieure de l'*Histoire du roi Alexandre*, un des joyaux de la collection Dutuit (1), et sur les beaux exemplaires du *Pastissier françois* que nous avons vus, dans ces derniers temps, passer dans les ventes publiques. Celle qui décore l'édition originale des *Contes de Perrault* (Paris, Claude Barbin, 1697, in-12), que possédait M. de Lignerolles et qui provenait des collections Clinchamp et Double, est à citer tout particulièrement ; le *Commines* Elzévier, de la vente Lacarelle, mérite également une mention spéciale.

La plupart des volumes à simples filets, sortis de l'atelier de la rue du Four (2), rappellent par les qualités exceptionnelles du corps d'ouvrage, la beauté du maroquin, la solidité et l'élégance des cartons, les plus beaux Boyet (3) ; enfin, les dentelles dont Trautz a couvert un grand nombre de livres à figures du XVIIIe siècle, sont éblouissantes par l'éclat et la solidité de la dorure, toujours mâle et nourrie sans être empâtée : Le *Temple de Gnide* (Paris, Lemire, 1772) qui a figuré dans ma collection, les *Contes de Perrault* (Paris, 1781), du baron

(1) Les plats intérieurs de cette reliure, une des plus belles qui soient sorties des mains de Trautz-Bauzonnet, sont couverts de caissons remplis de dorures au pointillé. Ce fut le marquis de Coislin qui les fit exécuter. Ce volume a figuré dans les collections de MM. Morel de Vindé et Bourdillon et était auparavant recouvert en vélin.

(2) Trautz avait ses ateliers au n° 15 de la rue du Four-Saint-Germain.

(3) La reliure que Trautz a exécutée sur un exemplaire broché de la *Satyre Ménippée* en trois volumes (Ratisbonne, 1726), est peut-être ce qu'il a produit de plus parfait en ce genre. (*Mes livres*, n° 214).

de Lacarelle, certains exemplaires des *Baisers* et des *Fables de Dorat,* sont de véritables chefs-d'œuvre.

J'ai dit plus haut que le succès de Trautz fut prodigieux et qu'il mourut à l'apogée de sa renommée. Aussi que d'imitateurs n'eut-il pas de son vivant et surtout après sa mort! On copia, on contrefit sa reliure, exagérant à dessein certaines incorrections de détail qui lui étaient particulières, sans parvenir à s'assimiler ses grandes qualités. Thibaron qui fut longtemps son ouvrier, et Francisque Cuzin dont la perte récente a laissé tant de regrets, sont les seuls qu'il soit permis de considérer comme ses véritables continuateurs. Cuzin, surtout, sut attirer par sa modestie et son talent tous ceux que la mort de Trautz avait mis en deuil. Il parvint à force de bon vouloir, de patience et de labeur intelligent, à vaincre les résistances les plus obstinées, et tels farouches *Trautz-Bauzonnetistes* qui avaient juré de ne plus faire relier, — *« le dernier des relieurs ayant disparu, »* — allèrent à lui. Lacarelle, lui-même, de Fresne, l'irréconciliable de Fresne, consentirent à lui confier quelques volumes.

Cuzin, à la fin de sa carrière, reliait avec la même perfection que le grand maître. M. Beraldi, son client privilégié, a fait de son œuvre un éloge mérité, et la plupart des reliures que cet ouvrier consciencieux a exécutées dans les dernières années de sa vie, ne le cèdent en rien aux meilleures de Trautz. On retrouve dans le corps d'ouvrage les mêmes procédés, et les dorures dont il combinait les dessins avec son excellent collaborateur Émile Mercier, ont parfois la même largeur de style et le même éclat.

Deux relieurs, dont on ne saurait d'ailleurs nier le talent, résistèrent seuls à l'influence prépondérante que Traurz exerça sur son époque.

Le premier est Lortic qui se posa résolument en antagoniste et dressa école contre école. Trautz battait ses livres, faisait solide et compact : Lortic l'accusa de lourdeur, amincit ses volumes, les passant, hélas ! au laminoir, et s'appliqua à faire élégant ; Trautz faisait de la dorure profonde, passant jusqu'à trois et quatre fois sur le même filet, Lortic fit léger et menu ; Trautz se contentait d'imiter les anciens maîtres, Lortic eut à cœur d'aller plus loin et dépensa toutes les ressources de son imagination, — et elle était vive, — à créer du nouveau.

Il serait cependant injuste de ne pas reconnaître que si ce dernier n'eut pas toujours pour guide un goût très sûr, certains de ses travaux témoignent d'une habileté d'exécution extraordinaire. Il eut le défaut de trop se préoccuper de l'effet ; mais quelle originalité, quelle science d'agencement n'a-t-il pas dépensées dans quelques-unes de ses reliures ! Je ne partage donc à aucun degré l'intolérance de certains de mes amis, fervents adorateurs de Trautz, qui achetaient des *Lortic* pour se donner le plaisir de les *casser* et de les jeter par la fenêtre, ou qui s'écriaient « que s'ils étaient jamais damnés, leur enfer serait de remuer une de ses reliures ! »

Le second est Marius Michel qui, tout en rendant hommage aux grandes qualités de Trautz, voulut et sut conserver une autorité personnelle, en dehors de son influence.

Marius Michel est plus artiste que relieur, et nous ne devons pas le juger seulement sur les livres qu'il a livrés aux amateurs ou aux libraires. C'est dans son atelier qu'il faut pénétrer, et c'est en parcourant la brillante série des dessins qu'il a exécutés dans le style du XVIe siècle, pour un grand nombre de volumes malheureusement sortis de France, qu'on peut avoir une idée exacte de sa valeur artistique et de sa science décorative. Il a fait également quelques reliures en cuir ciselé, dont le

Faust, de la collection Beraldi est le plus intéressant spécimen, et révélé dans ces différents travaux des qualités de composition et d'exécution qui suffisent pour le mettre au rang des meilleurs dessinateurs ornemanistes de notre temps.

Capé et Duru eurent aussi, dans les premières années du second Empire, une heure de célébrité et doivent trouver ici la place qui leur est due; mais, dans leurs recherches d'extrême élégance, ils firent des reliures si fragiles, qu'elles ne résistèrent pas à l'action du temps et qu'il a suffi d'une période de 25 à 30 années pour en amener la destruction presque totale. Celles que l'on rencontre encore dans les ventes sont, pour la plupart, si fatiguées et la dorure qui les recouvre a tellement noirci, qu'elles n'entrent plus pour rien dans la valeur du livre.

Gruel qui, à l'exemple de Marius Michel, a prouvé dans un excellent livre qu'il connaissait tous les secrets de son art, a su éviter cet écueil, et ses reliures comptent aujourd'hui parmi les mieux établies et les plus appréciées.

Enfin, je me garderai bien d'oublier Chambolle, le successeur de Duru, et j'aurai fait de lui le plus bel éloge en disant qu'il est le relieur préféré d'un homme que les amateurs de tous les degrés ont toujours considéré comme un maître, le baron Jérôme Pichon.

Depuis que ces pages ont été écrites (juillet 1895), une nouvelle école « la reliure aube de siècle » *a fleuri. Elle est, aujourd'hui, dans son complet épanouissement et compte un grand nombre d'admirateurs. Je ne suis pas encore de ceux-là ; mais si je ne puis accepter sans réserves les* « symphonies des maroquins, les décors symboliques, les cuirs modelés et la flore stylisée », *je ne serai que juste en applaudissant à ce puissant effort, à cette poussée fiévreuse, où brillent, à côté des maîtres que j'ai nommés, de consciencieux lutteurs tels que les Meunier, les Ruban, l'admirable artiste Lepère dans ses heureuses collaborations avec Marius Michel, Mercier et Carayon, les Lortic fils, les Canape, les Bretault, les Raparlier, les Noulhac, qui, malgré des travaux fort honorables, ne me semblent pas avoir donné tout ce qu'on est en droit d'attendre de leur esprit inventif et de leur indiscutable habileté.*

LETTRE OUVERTE

ADRESSÉE PAR

UN VÉNÉRANT TRAUTZOLATRE

A L'AUTEUR DE

« LA RELIURE DU XIXe SIÈCLE »

LETTRE OUVERTE

ADRESSÉE PAR

UN VÉNÉRANT TRAUTZOLATRE

A L'AUTEUR DE

« LA RELIURE DU XIXe SIÈCLE »

Mon cher Beraldi,

J'ai lu avec un très vif intérêt votre troisième volume sur la reliure du XIXe siècle; il est charmant, savamment documenté, digne en tous points de ses aînés. Votre tableau de la bibliophilie *épileptique* complète à merveille ce que vous en avez déjà dit; mais dans les choses élogieuses que vous adressez aux

« grands militants de ces temps héroïques, » ne vous êtes-vous pas laissé entraîner, — du moins pour ce qui me concerne, — à une exagération trop flatteuse ?

Ce rôle prépondérant que vous m'attribuez sur le marché des livres, ne m'appartient pas. Il revient tout entier à celui qui sut réunir ces qualités précieuses de *« révélateur »* et de *« renforçateur »* que vous avez si bien définies, — à James de Rothschild, dont la mort inattendue a laissé un si grand vide au milieu de nous.

Comme moi, vous l'avez vu à l'œuvre : il était, d'ailleurs, armé mieux que tout autre pour dominer la grande poussée qui s'est produite après 1870 ; il avait l'argent, l'esprit, la raillerie fine et permise — (et à ce propos, rendons-lui ce qui lui appartient : la boutade sur mon catalogue *« chaque mot est une enchère ! »* n'est pas de moi, mais de lui), — il avait le savoir, le goût, un goût exquis ! un éclectisme qui lui permettait de tout embrasser et d'étaler, à côté des pièces gothiques introuvables et des éditions précieuses qui font sourire le bibliophile de 1896, les plus beaux livres à gravures du XVIIIe siècle, tous ou presque tous avec leurs dessins originaux, les romantiques fameux du XIXe, avec leurs *couvertures !....*

Son action a été considérable, et par le prix qu'il savait mettre aux livres, quand ils étaient incomparables comme l'*Olivier de Castille*, la *Louise Labé* ou le *Rabelais* du comte d'Hoym, et par ses conseils toujours judicieux, ses remarquables travaux bibliographiques, son érudition très vaste mise obligeamment à la portée de tous ceux qui l'approchaient.

Pour tout dire, en un mot, il a exercé pendant dix ans, de 1871 à 1881, une sorte de suprématie à laquelle il eût été injuste de ne pas rendre hommage.

Mais ma lettre a un autre but, mon cher Beraldi. Vous avez tracé de Lignerolles, un portrait où l'esprit pétille, où les *fusées héraldiques* éclatent en gerbes étincelantes. Permettez-moi, cependant, de vous dire qu'il n'est pas toujours ressemblant.

Lignerolles était un silencieux et ne se livrait pas ; mais quand on avait pénétré dans son intimité, il se montrait tout autre, accueillant, ouvert, et d'une rare courtoisie.

Son « sanctuaire » était beaucoup moins muré qu'on ne le croit, sur la foi de récits un peu fantaisistes. J'y ai fait de fréquentes visites et rarement je m'y suis trouvé seul.

Il y avait parfois nombreuse et belle compagnie, et ces jours-là, — comme je connaissais ses livres aussi bien que lui-même, — il me demandait de les montrer, sous le prétexte aimable que si je savais exalter les miens, je savais mieux encore exalter ceux des autres.

Il était de l'école des de Bure, des Pixérécourt, des Brunet, des Cicongne, et ceux-là ont laissé dans les fastes de la bibliophilie contemporaine, des traces que le temps n'effacera pas.

Que dans une bibliothèque de plus de vingt mille volumes, il y ait eu un *trop plein*, des parties « mal digérées », c'est possible ; mais l'homme qui a possédé la plus belle collection de documents sur l'Histoire de France, qui ait jamais existé, une série aussi complète de pièces rares, de poètes et de classiques en éditions originales, des livres comme l'*Imitation de Jésus-Christ,* aux armes d'Henriette de France, les *Homélies de saint Jean Chrysostôme,* dans leur merveilleuse reliure de Padeloup, les *Essais de Montaigne,* avec un envoi de la main du grand moraliste, le *Recueil des pièces de Molière,* aux armes de Colbert (vendu dix-sept mille francs !), le plus bel exemplaire connu du *Plutarque de Vascosan,* les plus illustres provenances, dans des conditions exceptionnelles, n'était pas un bibliophile ordinaire.

Vous lui reprochez de n'avoir connu le XVIIIe siècle « qu'après tout le monde » ; mais avez-vous donc oublié que dès 1854 (il y a plus de quarante ans !) il achetait à la vente Renouard, ce fameux *Molière* de Bret, avec les figures avant la lettre et les eaux-fortes, dont vous avez si plaisamment raconté l'histoire ? Avez-vous oublié que, plus récemment, il faisait à grande frais l'acquisition des dessins originaux d'Eisen, pour le *Temple de Gnide ?* Et ces exemplaires magnifiques du *Boccace,* de l'*Heptaméron,* de Berne, (vendu 8.500 fr.), des *Fables de La Fontaine,* d'Oudry, des *Contes de Perrault,* des *Romans de Voltaire,* des *Contes moraux de Marmontel,* et tant d'autres que je pourrais citer, ne prouvent-ils pas jusqu'à l'évidence que loin d'être un retardataire, il avait plutôt devancé l'évolution qui s'est manifestée dans ces dernières années vers les livres d'art, et qui devait prendre, sous l'impulsion brillante de notre ami Paillet, un si grand développement ?

Il avait donc fait, dans sa bibliothèque, une large part au XVIIIe siècle ; mais, en vrai bibliophile, il le voulut dans son originalité complète, absolue, dans sa première reliure (et quelle reliure !), laissant aux iconophiles le soin de rechercher l'eau-forte *en premier et second état,* la gravure *avec des différences ou avant les numéros,* le portrait de Choffard *avant les tailles !* toutes choses assurément fort intéressantes, mais qui sont du domaine de l'estampe et ne participent que de loin à la bibliophilie proprement dite.

Il avait des côtés qui prêtaient à la raillerie ; mais qui de nous n'en a pas ? et pourquoi ne pas nous contenter de voir sous son chapeau « à rebrousse-poils » le vrai gentilhomme qu'il était et le grand bibliophile dont le nom restera, quoi qu'on en dise, attaché pour toujours à l'histoire de la bibliophilie de notre temps ?

Lignerolles professait pour Trautz un véritable culte. Il fut, pendant plus de vingt ans, son client préféré et ce qu'il a obtenu de lui est énorme : sur ce point encore, ne vous êtes-vous pas montré trop sévère en disant « qu'il n'avait su en tirer rien d'exceptionnel ? »

Dans une masse de plus de deux mille reliures, il est difficile d'admettre qu'on ne rencontrera que des chefs-d'œuvre de dorures ; un pareil luxe sur les livres de théologie ou d'histoire, répandus en grand nombre dans une bibliothèque aussi considérable, eût été peut-être d'un goût discutable. Et d'ailleurs, vous le savez mieux que moi : — l'art dans la reliure ne consiste pas seulement dans le décor du livre, mais aussi, — et plus encore, — dans la manière dont le *corps d'ouvrage* est traité, et ces délicieuses plaquettes *jansénistes* si séduisantes dans leur simplicité voulue, ne vous semblent-elles pas, comme à moi, mériter tous les éloges ?

Enfin, à côté des reliures « de préservation et de mise en état », la mosaïque de la *Danse des Morts*, d'un goût si pur, l'admirable dorure des *Amans fortunez*, celle de la *Louise Labé* de 1556, pour ne parler que de quelques-unes, et ces ravissants petits volumes, aux médaillons fleuris imités des Eve, qui sont autant de joyaux, n'avaient-ils pas quelque droit à votre approbation de fin connaisseur ?

Je suis, toutefois, de votre avis sur l'influence néfaste que ces ventes successives et si rapprochées ont exercée sur le marché des livres : « on eut des Trautz pour deux louis ! » mais cet avilissement des prix est-il donc spécial aux reliures de Trautz, et le krach, que vous appelez « le *krach des Trautz* » n'a-t-il pas atteint également et plus profondément les autres relieurs ?

Vous insistez sur le recul de ses mosaïques ; mais rapprochez-les, comme prix de vente, de celles de Thibaron, de Lortic, de Marius, de Cuzin, et comparez...

A la vente Belon, toute récente, où du reste la reliure s'est bien vendue, le *Pastissier françois,* de Thibaron, a été payé 1.600 fr., son *Daphnis,* 4.000 (chiffre rond), et la *Satyre Ménippée,* de Cuzin, 3.400. Or, pas une mosaïque de Trautz n'est descendue depuis le *krach,* au-dessous de 8.000 fr., et dans les ventes La Carelle, de Fresne et de Mosbourg, on voit le *Villon,* le *Coquillart,* l'*Eschole de Salerne,* atteindre des prix qui varient entre dix et quinze mille francs !

La même proportion existe pour les reliures ordinaires ; un Trautz l'emporte toujours de moitié, au moins, sur ses concurrents. Donc, il serait inexact de faire peser l'effondrement de la reliure moderne sur Trautz seul. La vérité, vous l'avez dite. Dégoûtée des grands prix, « du surmenage, » la nouvelle couche a abandonné le livre ancien et la reliure d'art, pour se précipiter sur une matière plus abordable, le livre moderne avec illustrations : *Conquet for ever !...* Mais combien de temps cela durera-t-il ?... Pour ma part je crois à la réaction. Je deviens vieux : « ma moustache bonapartiste » a blanchi ; mais je ne désespère pas d'assister au relèvement que je prévois. Déjà des bibliophiles avisés profitent de la baisse, achètent sans bruit les Trautz et les mettent à couvert, attendant le jour prochain où ils renaîtront de leurs cendres. J'en connais et je les encourage...

J'ai entendu dire dans la retraite où je vis, qu'il se fondait une nouvelle école de reliure et que de louables efforts ont été tentés. J'y applaudis, car je suis de ceux qui pensent qu'il ne faut pas piétiner sur place et se cantonner dans un genre toujours le même. Nous n'aurions pas aujourd'hui ces délicieuses dorures du XVIe siècle, qui sont le régal des yeux, si de Thou avait subi l'influence exclusive de Grolier et s'était contenté de l'imiter servilement ; mais que les novateurs se gardent des exagérations *tintamarresques.* J'ai vu de leurs essais, et... mais je préfère attendre votre quatrième volume pour vous dire ce que j'en pense....

Pardonnez, mon cher Beraldi, ces légères critiques à un « *vénérant Trautzolâtre* » qui mourra dans l'impénitence finale, et croyez-moi bien cordialement à vous.

19 mars 1896.

PONSARD

AUX

FÊTES DE COMPIÈGNE

PONSARD

AUX

FÊTES DE COMPIÈGNE

(15 décembre 1863)

Une des prérogatives de la présidence que mon père exerçait au Conseil d'Etat, sous le second Empire, consistait dans la faveur d'être convié aux chasses de Compiègne.

Il y assista en décembre 1863. La série dans laquelle il était compris, passa dix jours au château, dans les délices d'une hospitalité splendide.

Tout était si admirablement ordonné dans ces fêtes, que pas une heure n'était perdue. Selon le temps qu'il faisait, c'étaient des promenades en chars à banc, dans la plus magnifique des forêts, des visites à Pierrefonds, des chasses à courre et à tir.

La bienveillance toujours gracieuse et polie des souverains effaçait la raideur de l'étiquette et vous mettait vite à votre aise.

En voici un exemple :

Nadaud avait été invité. « Je veux, lui dit l'Empereur, que vous soyez ici comme chez vous ». Et le célèbre chansonnier de répondre : « Ma foi, Sire, j'avouerai à Votre Majesté qu'en venant ici, j'espérais m'y trouver mieux que chez moi ».

Le matin, on avait sa liberté ; chacun en usait à sa guise. Les repas étaient simples comme menus, mais d'une élégance raffinée dans les détails du service. Le soir, on dansait. Pour toute musique, un orgue expressif dont Napoléon III prenait quelquefois plaisir à tourner la manivelle.

A des jours marqués, pour varier, il y avait spectacle. Le plus souvent, les acteurs étaient des invités. Octave Feuillet monta plus d'une fois sur la scène et ne dédaignait pas les rôles les moins graves. Ponsard, sur la demande de l'Impératrice, fit une charade, en trois tableaux, qu'il intitula HARMONIE *(Arme-au-nid)*, et dont les rôles furent tenus par les familiers de la Cour.

On y voyait luttant de grâce et d'élégance, la duchesse de Morny, la duchesse d'Isly, la princesse de Bauffremont, madame Fleury, madame Raimbaut, la baronne de Souancé, la baronne de Vatry, madame Emile de Girardin.

Du coté des hommes, c'étaient le comte de Nieuwerkerke dont on admirait la superbe prestance sous l'armure de chevalier qu'il avait revêtue, le marquis de la Tour-Maubourg, le marquis de Trévise, le baron Morio de l'Isle.

Le piano était tenu par la princesse de Caraman-Chimay, et M. Viollet-Leduc avait été désigné pour régler la mise en scène.

Dans le premier tableau — ARME — un chevalier arme un néophyte. La scène représente la cour d'un château. Le néophyte est à genoux sur un coussin, en face du parrain. Au fond du théâtre, la marraine, assise sur un fauteuil supporté par une estrade. A côté d'elle, sa Damoiselle. Derrière le néophyte, deux chevaliers. Derrière le parrain, un chevalier.

C'était la duchesse de Morny qui représentait le néophyte et tous ceux qui l'ont entendue, se rappelleront avec quelle ardeur enthousiaste elle s'écriait, en brandissant son épée :

Çà, félons, montrez-vous !
Seul, avec Dieu pour moi, je vous provoque tous !

Le second tableau — AU NID — nous montre l'Amour *au nid*. L'Amour est caché dans un buisson d'églantiers et des nymphes armées de filets à papillons, le cherchent pour le prendre et le mettre en cage.

L'une d'elles rencontre une vieille paysanne et l'interroge :

Ma bonne, pourriez-vous me dire
Où l'Amour se trouve niché ?

La paysanne répond :

Je vous dirais plutôt, ma belle,
Où l'Amour ne niche jamais :
— Les rides chassent l'infidèle.
Hélas ! où sont ceux que j'aimais !

Il n'est pas dans une cassette,
Ni dans le char d'une Phryné ;
Il ne se vend ni ne s'achète ;
On ne peut l'avoir, que donné.

Dans le pays du mariage
Il n'habite guère non plus ;
Les notaires l'en ont exclus ;
La dot y règne sans partage.

Mais, disent les nymphes :

Vous savez où l'Amour n'est point ;
Savez-vous où l'Amour se montre ?

La paysanne :

Quand on le cherche, il est bien loin ;
Quand on le fuit, on le rencontre.
. . . .
. . . .

Lorsqu'on le tient, il vous désole ;
Il vous fait pleurer ; on le hait ;
Mais qu'on voudrait, dès qu'il s'envole,
Pleurer encor comme on pleurait !

Je rentre dans ma solitude
Qui vous attend à votre tour.
Bonsoir. — Que la vieillesse est rude !
Quand il est temps, cherchez l'Amour !

Une nymphe entrouvrant le buisson d'églantiers, fait signe à l'une de ses compagnes de venir la rejoindre, et, alors, s'établit le joli dialogue qui suit :

PREMIÈRE NYMPHE :

Chut ! son nid est sous cette rose ;
Le vois-tu ?

DEUXIÈME NYMPHE s'approchant sur la pointe du pied.

C'est lui ! Je le voi.

PREMIÈRE NYMPHE

Jette-lui ton filet.

DEUXIÈME NYMPHE.

Je n'ose.

PREMIÈRE NYMPHE

Je n'ose pas non plus.

DEUXIÈME NYMPHE

Pourquoi ?

PREMIÈRE NYMPHE

On dit qu'il est méchant et traître,
Et qu'il fait perdre la raison.
Dame ! il me piquerait peut-être,
Et sa piqûre est un poison.

DEUXIÈME NYMPHE

Sauvons-nous ! Pour moi je me cache.
N'éveillons pas l'Amour qui dort !

PREMIÈRE NYMPHE la retenant.

Ah ! bah ! — Ce serait par trop lâche ;
Puis peut-être on l'accuse à tort.

(Elle lui montre l'Amour, et toutes deux se penchent pour le regarder.)

Vois son beau front, sa lèvre pure,
Et son regard qui resplendit,
Je ne puis, voyant sa figure,
Le croire méchant comme on dit.
Je me risque.

(Elle jette son filet sur l'Amour.)

Fils d'Aphrodite,
Je t'ai pris. — Ne pique pas !
Non,

dit l'Amour qui sort de son nid et s'avance vers la première nymphe.

Calme la frayeur qui t'agite ;
Je suis l'Amour, mais doux et bon,

Connais mieux ma race et moi-même :
Tu parlais de l'Amour ancien,
On le maudit, et moi, l'on m'aime ;
Il fait le mal, et moi, le bien.

(Une déesse survenant tout à coup, adresse à la première nymphe ces vers dont il est facile de saisir les allusions) :

Toi qui cherchais l'Amour au nid, *ô chasseresse,*
Tu l'as pris ; mais le Dieu dont nous formons la cour,
Ce nouvel et charmant Amour,
N'est plus celui qui fut adoré dans la Grèce ;
Non ; on l'adore en France. Enfant d'une Déesse,
Ce n'est plus l'âpre enfant de la folle Vénus ;
Si sa Mère n'est pas moins belle,
Si les Grâces sont autour d'elle,
Autour d'elle sont les vertus.
Son Père est maître de la foudre
Qui dort, terrible et calme, en sa prudente main,
Et le monde. attentif à ce qu'il va résoudre,
S'en repose sur lui de l'avenir humain.

(Le fond du théâtre s'entrouvre et laisse voir un palais).

S'adressant à toutes les nymphes :

Entrez dans ce palais que l'Amour vous destine ;
Hâtez-vous de jouir de sa grâce enfantine ;
Un jour, l'Enfant que l'orphelin bénit,
S'asseoira sur un trône, et non plus dans un nid ;
Un jour, succèdera, sur son front plus sévère,
Au charme maternel la majesté du Père.
Entrez ; mais je vous avertis,
Nymphes qu'épouvante une ride,
Qu'on vieillit vite en ce pays,
Tant l'heure s'envole rapide ;

Que le plaisir d'avoir été
Au sein d'enchantements, trop promps à disparaître,
Demain sera bien attristé
Par le chagrin de n'y plus être.

Dans le troisième et dernier tableau — *Harmonie* — la Muse sous les traits de la princesse de Bauffremont, chante, accompagnée du chœur général.

Le prince impérial, âgé de huit ans, représentait l'Amour... Qui eût prévu, alors, que cette existence acclamée par tant de voix, serait prématurément fauchée par la plus terrible des catastrophes !

Les vers de Ponsard, rendus avec beaucoup de charme par les nobles interprètes, eurent un grand succès, et, pour en consacrer le souvenir, l'Impératrice eut la gracieuse pensée de les faire imprimer à cent exemplaires qui furent adressés, en son nom, à tous les invités de cette série privilégiée.

Cette jolie plaquette, de format in-8, exécutée avec un soin tout particulier sur un papier vélin de choix et dont chaque page est entourée d'un filet vert, est devenue très rare. Elle porte pour titre les lignes suivantes accompagnées des armes impériales :

HARMONIE

(ARME-AU-NID)

CHARADE EN TROIS TABLEAUX

PAR M. PONSARD

Jouée au Palais de Compiègne

EN PRÉSENCE DE LEURS MAJESTÉS

Le 15 décembre 1863

—

PARIS

IMPRIMERIE IMPÉRIALE

MDCCCLXIII

Chaque exemplaire contient, sur une page à part, le nom du destinataire et sur quatre feuillets préliminaires précédant le titre, la liste des invités (1).

Celui de mon père a été relié par mes soins, en maroquin vert *impérial*, doublé de maroquin vert semé d'abeilles, et porte la signature d'un maître de la reliure *Francisque Cuzin.*

On sait que deux ans plus tard, en 1865, Napoléon III publiait la *Vie de César*. Il ne m'appartient pas de juger son œuvre. Je puis dire, cependant, qu'elle se distingue par la beauté calme du style et la nouveauté des aperçus.

Pour tous les historiens, pour Montesquieu en particulier, César n'était au service d'aucune cause, n'ayant d'autre but que de satisfaire son ambition.

L'empereur en fait, au contraire, un *prédestiné,* remplissant une mission providentielle... La thèse est hardie ; mais est-elle juste, et Napoléon III, dans son livre, d'ailleurs si savamment documenté, ne laisse-t-il pas entrevoir avec trop de complaisance, une allusion à sa propre destinée ?

Quand l'ouvrage parut, ceux qui occupaient les grandes situations de l'Etat ou qui s'étaient fait une place éminente dans les lettres, les sciences et les arts, reçurent un exemplaire avec une suscription écrite et signée de la main de l'auteur.

Ponsard ne fut pas oublié. Sa réponse à l'Empereur est peu connue. La voici sans commentaires :

Mortuus est vivus, narratur Cœsare Cœsar.

(1) Vr *Appendice.*

L'HOTEL LAUZUN

ET LE

BARON JÉROME PICHON

L'HOTEL LAUZUN

ET LE

BARON JÉROME PICHON

Au moment où la ville de Paris vient d'acquérir l'hôtel Lauzun pour le transformer en musée, il n'est peut-être pas sans intérêt de dire un mot de cette somptueuse demeure et d'esquisser une rapide silhouette de l'homme éminent qui en fut le dernier possesseur, le baron Jérôme Pichon.

L'hôtel Lauzun fut construit en 1657 par Charles Gruyn des Bordes, troisième fils du tavernier Philippe Gruyn qui tenait le fameux cabaret de la *Pomme de pin,* installé au bout du pont Notre-Dame, dans la cité, et où fréquentaient comme l'on sait, Molière, Boileau et Racine.

Lancé dans les affaires, Gruyn avait gagné une très grosse fortune dans les subsistances militaires.

Commencés en 1641, les travaux marchèrent lentement et ne furent terminés qu'en 1657, au moment du mariage de l'heureux propriétaire avec Geneviève de Mouy, d'une ancienne maison normande, et veuve de M. de Lanquetot, maître d'hôtel de la reine-mère.

En personne prudente, Geneviève avait fait stipuler dans le contrat qu'elle aurait pour demeure « la maison que le futur époux faisait construire en l'isle, sur le quai regardant le quai Saint-Paul, et non autre. »

On peut voir encore aujourd'hui, sur la façade, les armes de l'épousée avec les G des Gruyn et les M des Mouy.

Quelque temps à peine après l'achèvement de la construction, Colbert faisait arrêter Gruyn, alors commissaire général de la cavalerie légère, comme convaincu de fraudes, lui faisait restituer dix millions et l'envoyait à la citadelle de Pignerol où il mourut.

L'hôtel fut-il sauvé par ruse et sous le prête-nom du cordonnier Ferest, ou bien, — on le raconte également, — conservé par la veuve comme douaire de remploi de communauté ? Toujours est-il qu'il fut vendu dans la suite à Lauzun, « ce cadet de Gascogne, dit Saint-Simon, insolent, bas jusqu'au valetage, et cachant sous des dehors de gentilhomme, une âme de faquin. »

Lauzun fît procéder à de très notables embellissements de l'hôtel, et y mena grand train. On connait ses amours avec la « Grande Mademoiselle » qui venait le voir souvent, masquée, en gondole fermée, et passait par un petit souterrain qui existe encore et dont la porte grillée donne sur le quai d'Anjou.

En 1685, Lauzun vendit l'hôtel au marquis de Richelieu qui

vint y cacher une liaison avec une petite nièce de Mazarin, — une belle jeune fille de seize ans, — qu'il avait enlevée du couvent des Carmélites de Chaillot.

L'habitation fastueuse du quai d'Anjou passa ensuite au président Ogier, et quelques années plus tard, au marquis Lavallé de Pimodan, originaire de Lorraine, qui y attacha son nom.

Cependant, la Révolution devait respecter l'immeuble ; mais, par la suite, un teinturier en devint locataire et en compromit les admirables peintures par un badigeon maladroit.

Enfin, en 1842, le baron Pichon achetait l'hôtel et le sauvait de la destruction.

Il ne s'y installa d'ailleurs que sept ans après. « J'achetai ma maison du quai d'Anjou, je pourrais dire à la risée presque universelle, écrivait-il en décembre 1892, à son ami et collaborateur, M. Georges Vicaire, le distingué directeur du *Bulletin du Bibliophile,* « pouvait-on aller demeurer à l'Ile Saint-Louis ! Et comment meubler une pareille maison ? Mais je laissai dire et poursuivis mon chemin. On vint chez moi par curiosité, puis on trouva qu'après tout, on pouvait vivre à l'Ile, puis après m'avoir blâmé, on me loua, on me vanta et.... il y a 43 ans que j'y suis. »

Lors de la période romantique, une partie de l'hôtel avait été sous-louée à une bande de « Jeunes-Frances ». Théophile Gautier y fonda le club des Haschischins (1) dont les membres passaient des journées entières à fumer de l'opium et à mâcher du haschisch. Ce fut l'époque où Roger de Beauvoir écrivit ses *Soirées de l'hôtel Pimodon,* où se rencontraient Beaudelaire, Balzac, le peintre Boissard, Barbey d'Aurevilly. « Baudelaire avait fait,

(1) Théophile Gautier composa sous ce titre une nouvelle connue que l'on trouve dans ses œuvres complètes.

paraît-il, semer de larmes d'argent l'étoffe noire dont était tendue sa chambre, et Gautier, pour la modeste somme de trois cents francs par an, y occupait une délicieuse pièce, au plafond peint par Lesueur » (1).

L'hôtel Lauzun est remarquable par sa belle façade, son élégant balcon, ses appartements somptueux, décorés de superbes peintures, et surtout par ses boiseries dorées d'un merveilleux travail et d'une conservation parfaite.

La Société des *Bibliophiles françois*, fondée le 1er janvier 1720, par huit grands amateurs de livres (2), y tint pendant de longues années ses assises dans la longue galerie du rez-de-chaussée, aux poutrelles armoriées, où le baron avait installé sa bibliothèque, au milieu des objets d'art, des tableaux, des tapisseries, des bronzes, des meubles de la Renaissance et des derniers siècles qu'il y avait accumulés.

Admis en 1843, dans cette académie de gens de goût, d'érudits et de lettrés, le baron Pichon en fut élu président l'année suivante, et jusqu'en janvier 1895, il ne cessa d'exercer ces fonctions, que ses collègues lui renouvelèrent annuellement, à l'unanimité et par acclamation.

Le rôle qu'il a joué dans la Société est considérable, et c'est à lui, à sa direction savante que cette compagnie d'élite doit la prospérité et l'éclat dont elle jouit encore aujourd'hui.

Le baron Pichon ne fut pas seulement un grand bibliophile ; il se sentit bien vite attiré par les autres branches de la curiosité, et l'on vit, aux différentes ventes qui suivirent son décès,

(1) Le Baron Pichon, par Georges Vicaire. *Paris, librairie Techener (H. Leclerc et P. Cornuau Srs)* 1897.

(2) Le marquis de Châteaugiron, M. de Pixérécourt, le baron Walkenaer, M. de Malartie, M. Durand de Lançon, M. Bérard, le vicomte de Morel de Vindé, le comte Edouard de Chabrol.

l'orfèvrerie, la numismatique, les estampes, les autographes, les antiquités représentés dans ce qu'ils ont de plus rare et de plus beau, atteindre des prix jusqu'alors inconnus.

L'histoire de la célèbre coupe d'or décorée d'émaux translucides, qui avait été enlevée du trésor des rois de France par le duc de Bedford, et donnée au duc de Frias par le roi d'Angleterre, Jacques Ier, est encore présente à tous les esprits.

Répudiée comme fausse par la plupart des collectionneurs, on sait avec quel succès il parvint à dresser son état civil et à déterminer sa véritable valeur.

Une première fois, en 1869, le baron Pichon se sépara d'une partie de sa bibliothèque. La vente produisit 451.650 francs, somme énorme pour cette époque où la folie des livres qui devait atteindre son apogée quelques années plus tard, ne s'était pas encore emparée des amateurs.

Mais un nombre considérable de livres précieux était resté dans les armoires de l'hôtel Lauzun. Avec sa vaste érudition et cette possession de lui-même dont il ne se départit jamais, même dans les circonstances les plus pressantes, et qui faisait sa principale force, le baron Pichon s'appliqua à en réunir d'autres plus précieux encore.

Il avait d'ailleurs racheté à sa vente, ou depuis, des raretés dont il ne s'était séparé qu'avec chagrin ; un manuscrit enrichi de neuf miniatures de Compardel, au chiffre d'Anne-Marie-Louise d'Orléans, duchesse de Montpensier ; le *Roman de la Rose,* de Galliot du Pré, 1529, charmant exemplaire du comte d'Hoym, relié par Padeloup, et d'une incomparable fraîcheur ; le *Labyrinthe de Fortune,* de Jean Bouchet, aux armes de Claude Gouffier, duc de Rouannois. J'en passe et des meilleurs....

A ces livres de premier ordre, vinrent bientôt s'ajouter de ravissants volumes aux armes de Du Fresnoy, de Mme de Chamillart, de la marquise de Montespan, de Mme de Maintenon, de la duchesse de Mazarin, et, surtout, ce délicieux manuscrit des *Fêtes de Chilly*, offert à Marie-Antoinette et relié à mosaïque par Padeloup : un des plus intéressants monuments de l'art de la reliure au XVIIIe siècle.

On voit par cette nomenclature trop sommaire que le baron Pichon avait une prédilection marquée pour les livres à provenances féminines.

... « Les femmes bibliophiles, m'écrivait-il en réponse à l'hommage que je lui avais fait de mon livre sur *les Femmes bibliophiles de France aux XVIe, XVIIe et XVIIIe siècles*, m'ont toujours particulièrement intéressé. Ma passion pour elles à même été jusqu'à vouloir multiplier leur nombre... à en imaginer, peut-être... Je m'explique : quand un bibliophile a été l'époux d'une femme remarquable, je me demande toujours s'il ne convient pas d'appliquer à ses livres le régime de la communauté. En voyant, par exemple, un *Du Fresnoy*, je me dis que l'adorable Mme Du Fresnoy, éternellement belle, a peut-être inspiré le dessin de ces belles reliures, qu'elle a pu tenir ce volume dans ses blanches mains et l'admirer comme nous l'admirons aujourd'hui. Ainsi des autres.

. . . .

..... « Après une pareille profession de foi, vous comprenez, cher confrère et ami, que je suis heureux et reconnaissant de l'honneur que vous voulez bien me faire en me dédiant un livre si bien dans mes idées et si fort selon mon cœur (1). »

Le 25 janvier 1893, il était renommé pour la *cinquantième* fois, président de la Société ; mais sa santé devenue chancelante

(1) Cette lettre dont nous ne donnons ici qu'un extrait, a été publiée *in extenso* dans « A TRAVERS LES LIVRES. souvenirs d'autre-tombe », page 76.

devait le mettre dans l'obligation de se démettre de ses fonctions. Il s'y résigna d'autant plus facilement qu'il ne se sentait plus en communion d'idées avec certains de ses collègues plus jeunes et peut-être moins exclusifs (1). Sa détermination étant devenue définitive, il fut proclamé président d'honneur et reçut comme témoignage de sympathie reconnaisante un jeton d'or commémoratif frappé pour lui.

Le baron Pichon mourut le 28 août 1896, à l'âge de 83 ans. Il a attaché son nom à un grand nombre de publications du plus haut intérêt, parmi lesquelles il faut citer tout particulièrement le *Ménagier de Paris* et la *Vie du Comte d'Hoym*.

Il avait pris pour devise le verset du Psalmiste *Memor fui dierum antiquorum*, et le justifia pendant tout le cours de sa longue carrière, en se donnant sans partage et avec honneur au culte du passé.

(1) Voir *Appendice*.

LE LEGS DUTUIT

LE LEGS DUTUIT

Mon très regretté collègue à la Société des Bibliophiles français, le baron de Claye, a dit sur les collections Dutuit tout ce qu'il y avait à dire (1); il a écrit, avec l'autorité qui lui appartenait, des pages excellentes, et je me garderais d'y rien ajouter si, par un privilège de l'âge que personne ne m'enviera, je n'avais eu l'heureuse fortune de connaître, — il y a longtemps déjà, — l'amateur hors de pair à qui revient l'honneur d'avoir créé la bibliothèque, joyau merveilleux de ce magnifique trésor.

On sait que les Dutuit, Eugène et Auguste, étaient originaires de Rouen. Les deux frères, en dehors d'une même passion pour l'art, avaient un autre trait commun. Malgré leur immense fortune, établie par les ancêtres à Marseille et aux environs, dans l'industrie des laines, et qui leur eut permis de

(1) *Revue Biblio-Iconographique*, I, janvier 1903.

mener une vie large et luxueuse, toutes leurs ressources furent toujours employées soit à des œuvres de bienfaisance, soit à la satisfaction de leurs goûts artistiques. La table et le costume, les distractions coûteuses, étaient pour eux choses inutiles et négligeables.

Ceux qui ne les connaissaient pas les représentaient comme des millionnaires plus avares qu'Harpagon. On disait couramment qu'ils ne se nourrissaient que de croûtes, de charcuterie et ne se servaient que de mauvais couverts en fer battu, mais qu'en revanche, en maniaques incorrigibles, ils jetaient des centaines de mille francs à la tête des gens chez lesquels ils découvraient, au cours d'une visite inopinée, un quelconque objet d'art.

« Je me souviens encore, dit M. Molinier, de la première fois que je vis Eugène Dutuit au Cabinet des Estampes, à la Bibliothèque Nationale, où il venait assez régulièrement pour étudier les gravures qu'il méditait, par des achats fantastiques, de faire entrer dans ses collections. Parti de bon matin de Rouen, en 3e classe, vêtu d'une redingote élimée et d'un pardessus défraîchi, il se gardait de laisser son argent dans les restaurants à la mode ou même au Bouillon Duval, un croissant ou un petit pain suffisait à son repas; espérons qu'il se dédommageait le soir en rentrant à Rouen. Et, comme on ne prête qu'aux riches, Dieu sait quelles histoires on racontait sur son compte et sur sa sordide avarice. (1) »

La vérité est beaucoup moins compliquée. L'originalité des frères Dutuit a consisté à travailler patiemment, obstinément, à amasser, avec le sens artistique le plus sûr, des trésors destinés à être livrés plus tard au public pour servir à former son

(1) Voir *Appendice*.

goût, et à éclairer la marche de ceux qui se consacrent à l'étude de l'art dans ses manifestations les plus diverses et les plus brillantes. C'est dans cette pensée qu'ils ont entassé chez eux des merveilles empilées dans des tiroirs, enfouies dans les caisses d'emballage des expéditeurs, remisées même sous un hangar, quand les appartements étaient trop encombrés.

Les collections Dutuit, en dehors de leur énorme valeur, se recommandent par leur extrême variété : les céramiques de Bernard de Palissy, les émaux de Léonard Limosain, le chandelier en faïence d'Oiron, de Henri II, orné d'une si délicieuse arabesque, les beaux plats hispano-arabes à fond doré, les majoliques italiennes de Caffagiolo, de Gubbio, de Faenza, les bronzes, les ivoires, les bois sculptés, les tapisseries, les bijoux de la Renaissance, les antiquités grecques et égyptiennes, les eaux-fortes de Rembrandt dont une seule fut payée vingt-sept mille cinq cents francs, celles d'Albert Durer, les tableaux en petit nombre, mais tous de premier ordre, les terres cuites de Clodion, tout, dans cet admirable ensemble, mérite d'arrêter les regards des connaisseurs les plus difficiles....

La Bibliothèque est l'œuvre personnelle d'Eugène Dutuit, œuvre qui le place au rang des plus célèbres bibliophiles.

Un libraire dont la grande érudition est connue de nous tous, Édouard Rahir, en a fait un somptueux catalogue de format in-folio, où se trouvent reproduites en noir et en couleur les plus belles miniatures des manuscrits et les plus riches reliures. Les remarquables notices qui accompagnent chaque article complètent ce magnifique volume, monument digne en tous points de celui dont il a pour objet de perpétuer le souvenir.

« La bibliothèque Dutuit, a écrit M. Rahir, fut commencée

vers 1840 (1), par M. Eugène Dutuit qui s'était plus spécialement consacré à l'achat des livres et des estampes. Les premiers livres qui la composèrent furent surtout les grands ouvrages classiques, exemplaires de choix tirés sur papiers spéciaux et richement reliés. Bien vite le bibliophile élargit le cadre de ses recherches; il se mit à recueillir les livres à estampes et surtout les volumes recouverts de reliures richement ornées, portant les armoiries et devises d'amateurs célèbres, notamment les reliures du XVIe siècle si remarquables au point de vue du décor. »

C'est ainsi que nous comptons sur les rayons de cette bibliothèque incomparable : un Louis XII, deux François Ier, six Henri II, un Charles IX, six Henri III, trois Henri IV, douze Grolier d'une richesse éblouissante, quatre Maïoli, deux Canevarius, douze de Thou la plupart décorés de ces brillantes dorures à compartiments de feuillages attribuées aux Ève, et si nous passons du XVIe siècle aux XVIIe et XVIIIe : cinq Longepierre, neuf d'Hoym, six du Fresnoy, deux volumes aux armes de Mme de Chamillart, enfin toute une série de livres armoriés de moins d'importance, mais tous dans leurs vieilles reliures d'une invraisemblable fraîcheur.

Eugène Dutuit fit ses principales acquisitions dans les grandes ventes qui se sont succédé de 1840 à 1881. Il sut toujours choisir ce qu'elles contenaient de plus enviable, ne reculant devant aucun sacrifice, et sa bibliothèque put bientôt rivaliser avec les plus fameuses.

Dans les manuscrits, au nombre de douze, l'*Histoire du Roi Alexandre*, qui provient de la bibliothèque des ducs de Bourgogne et contient 204 peintures admirables d'exécution, d'éclat

(1) Dès 1836, Eugène Dutuit avait commencé cette fameuse collection en achetant un *Commines* à la vente du curé Barré, l'un des premiers bibliophiles normands.

et de conservation; l'*Adonis*, poème de La Fontaine, écrit par Jarry en 1658, dédié à Fouquet et splendidement relié par Le Gascon, dont il est le chef-d'œuvre, tiennent la première place et n'ont d'équivalents que dans nos grandes bibliothèques publiques.

Dans les imprimés, c'est, parmi les provenances royales, un *Jamblique* des Aldes et l'Antonii Mizaldi *Phænomena*, à la salamandre de François Ier, l'*Opera Basilii Cæsariensis*, au chiffre de Henri II, le *Pauli Jovii, episcopis, hisioriarum tomus primus et secundus*, 1553, avec le médaillon du même Henri II en relief; c'est un in-folio de la bibliothèque de Lacroix du Maine, à la croix de Lorraine; ce sont les reliures à la tête de mort et à la devise *Spes mea Deus* de Henri III, le *Jardin du roy Henri IV*, exemplaire de Henri IV, des volumes au semis de marguerites, armes parlantes, assure-t-on, de Marguerite de Valois, première femme de Henri IV, la *Milice des Grecs*, de Louis XIII, le *Labyrinthe de Versailles* aux armes et au chiffre de Louis XIV, les *Beautés d'une dame tholosaine*, ouvrage des plus rares, également aux armes de Louis XIV, des reliures aux chiffres et aux armes de Marie de Médicis, d'Anne d'Autriche, de Marie-Thérèse, Marie Leczinska, Marie-Antoinette, etc.

C'est encore au milieu des livres provenant d'amateurs célèbres : le *Diodore de Sicile* de 1585, aux armes du comte d'Hoym, les *Tromperies du Diable*, aux armes de Turgot, de jolis volumes sortis des cabinets de Colbert, du chancelier Séguier, de la comtesse de Verrue, de la duchesse de Lesdiguières, les *Œuvres d'un auteur de sept ans*, tirées à sept exemplaires par les soins de Mme de Maintenon, aux armes de Mme de Montespan, une *Imitation de Jésus-Christ*, aux armes de la duchesse de Bourgogne, les *Amours de Daphnis et Chloé* ayant appartenu à Mlle de la Vallière..... J'en passe et des meilleurs, mais je ne terminerai pas cette riche nomenclature sans dire un mot de ces mosaïques des Padeloup et des Derome, qui brillent comme autant de pierres précieuses, dans cet incomparable écrin.

Elles sont au nombre de sept, reproduites avec une vérité saisissante, par les procédés de chromotypie de Danel, de Lille, dans le superbe volume édité par Rahir :

1° LE BRÉVIAIRE DES FRÈRES MINEURS (*Breviarium secundum usum romamæ curiæ et ritum Fratrum Minorum*). Pet. in-folio, mar. citron, très riches compart. de mosaïque de mar. bleu et rouge, doublé de mar. bleu avec large dentelle.

Reliure exécutée vers 1730, alors que ce volume était en la possession du comte d'Hoym.

Le baron Pichon, dans une discussion ingénieuse mais dépourvue de preuves concluantes (Vie du comte d'Hoym, I, 170), attribue cette mosaïque à Augustin du Seuil, né en 1673, mort en 1746, qui a relié, en effet, un certain nombre de volumes pour le comte d'Hoym ; mais l'ensemble de cette magnifique dorure et surtout la disposition de la dentelle intérieure semblent indiquer qu'elle serait plutôt l'œuvre d'Antoine-Michel Padaloup. C'est l'opinion du très compétent Édouard Rahir et je la partage entièrement.

2° SPACCIO DE LA BESTIA TRIONFANTE. Pet. in-8 réglé, mar. bleu, compart. de mosaïque de mar. rouge et citron, dorure au pointillé, doublé de tabis.

Le plus célèbre des ouvrages de Giordano Bruno.

Reliure d'un charmant effet décoratif et signée de *Jacques-Antoine Derome* dont l'étiquette est collée sur le titre.

3° CONSTITUTIONES SOCIETATIS JESUS. *Romæ*, 1588. In-8 réglé, mar. citron, dos et plats ornés de comp. de mar. bleu et rouge, doublé de mar. rouge avec encadrement de mar. citron.

Reliure à compartiments symétriques. Un des plus beaux spécimens de ces espèces de marqueterie en peaux, sortes de damiers qu'on a appelés reliures à *répétition* et dont Antoine-Michel Padeloup a été l'inventeur.

4° QUINTI HORATII FLACCI OPERA. *Londini, Johannes Pine,* 1733-1737, 2 tomes en un vol. in-8, mar. citron, comp. de différentes couleurs, doublé de tabis.

Superbe reliure de Derome, à mosaïque sur le dos et sur les plats, avec incrustations de mar. rouge, bleu et vert, représentant des fleurs.

5° LES AMOURS DE DAPHNIS ET CHLOÉ. Edition du Régent. In-8, mar. citron, mosaïque de mar. rouge et bleu, doublé de mar. vert olive.

Autre spécimen, aussi brillant que le premier, des reliures d'Ant. Padeloup, dites à *répétition*.

6° MATRONA EPHESIA. *Londres,* 1665. In-12 réglé, mosaïque bleu et citron, doublé de mar. rouge.

Très riche reliure. Les plats sont entourés de bandes de mar. rouge avec comp. dorés en forme de losanges. Au centre, un panneau de forme rectangulaire allongée avec dorures en éventail.

7° LES DEVOIRS DES GRANDS, par le prince de Conty. *Paris,* 1666. Pet. in-8, mar. rouge, comp. de mosaïque de mar. vert et citron, dorures à petits fers et ornements à froid, doublé de mar. vert.

Décoration d'un caractère tout particulier. Les plats du volume sont encadrés de bandes de maroquin de diverses couleurs, réunies dans les coins par des rosaces répétées dans le milieu des plats et entre les nerfs du dos. Cette reliure est l'œuvre de *Padeloup (le Jeune), relieur du Roy, place Sorbonne, à Paris,* dont l'étiquette est collée sur le titre.

Eugène Dutuit ne courait pas les quais et n'avait rien de commun avec le bibliomane qui fouille dans les boites des bouquinistes, le long des parapets. Il opérait dans le *grand*. Son goût était fin et son enchère puissante. Le livre qui avait ses préférences, était emporté de haute lutte. Les riches reliures l'attiraient ; mais en matière de livres, l'habit ne fait pas toujours le moine et une reliure de Grolier peut parfois habiller de faste une pauvreté. Ici, le moine et l'habit se valent, le texte répond partout à la splendeur de la reliure.

On peut dire de Dutuit qu'il eut du goût et des goûts. Il a un *Cicéron*, qui a appartenu à Henri IV, une *Cité de Dieu* magnifique, le *Virgile* du comte d'Hoym, un *Horace* qui est une merveille, l'admirable *Tacite* de Longepierre, nos grands classiques dans des conditions exceptionnelles et sur un rayon choisi, bien en évidence, se suivent ces jolis titres : l'*Astrée*, *Artamène* ou *Le grand Cyrus*, *Clélie*, tous ces guides brillants de la carte de *Tendre* ; il a les beaux livres à estampes du XVIIIe siècle : *les Fables de La Fontaine*, avec les figures d'Oudry, les *Contes*, édition des Fermiers généraux, les *Chansons de La Borde*, *le Daphnis et Chloé* du Régent, le *Décaméron* de Boccace, avec les figures de Gravelot, et tant d'autres que je quitte à regrets (1).

Tout dans cet homme qui fuyait la notoriété et avait horreur de la réclame, était extraordinaire. Il ne payait pas de mine encore moins de tenue, et ceux qui le voyaient passer avec ses gros souliers, son pantalon trop court, son chapeau *melon* roussi par le temps, n'auraient jamais soupçonné ce qu'il y avait de bon sens, de culture et d'esprit sous cette rude enveloppe.

Je l'ai souvent rencontré, autrefois chez Potier, le grand

(1) Il est juste d'ajouter que depuis la mort de son frère, survenue en 1886, M. Auguste Dutuit a augmenté la bibliothèque de quelques précieux morceaux. Je n'en citerai qu'un, la *Bible de 1462* (1re édition de la Bible avec date) « qui complète d'une façon magistrale la série des monuments typographiques contenus dans cette magnifique bibliothèque ».

expert, plus récemment chez Damascène Morgand, de triomphante mémoire! J'aimais à l'écouter et je tirais toujours de nos longues conversations, plaisir et profit. J'ajoute que s'il parlait bien, il écrivait mieux encore et savait tourner, quand il le voulait, le compliment le plus délicat. La lettre suivante qu'il m'adressa, il y a quelques années, à l'occasion d'un souvenir que je lui avais fait parvenir, en est la preuve :

Rouen, le 3 décembre 1881.

Monsieur et cher Confrère,

Je vous remercie du charmant volume que vous avez eu la bonté de m'offrir, mais vous doublez le prix de ce présent en m'adressant une bien agréable lettre.

Franchement vous êtes trop modeste, votre livre conservera le souvenir d'une des plus délicieuses collections de notre temps. Quoique je compte plusieurs de vos jolis livres sur mes rayons, permettez-moi d'exprimer le vif regret qu'ils ne soient pas restés sur les vôtres. Le catalogue si bien édité par M. Labitte est un écrin où brillent encore tant de bijoux précieux! comme eux il est un modèle de goût et d'élégance. Néanmoins, Monsieur et cher confrère, je conserve l'espoir que vous rentrerez un jour dans la lice, car une fois qu'on a été bibliophile, on ne peut plus renoncer à un si aimable passetemps.

Alors que ces nouvelles conquêtes restent longtemps dans votre bibliothèque, et si vous publiez de nouveau un volume aussi charmant que le premier, qu'il atteste du moins que cette fois vos chers livres ne vous quitteront plus.

Veuillez agréer, Monsieur et cher confrère, l'assurance de ma vive sympathie et de ma considération la plus distinguée.

EUGÈNE DUTUIT.

N'est-ce pas le cas de s'écrier :
« Ah! qu'en termes galants ces choses-là sont mises ! »

On a vu par ce qui précède la part considérable qui appartient à Eugène Dutuit dans les libéralités dont la ville de Paris bénéficie dans une si large mesure. Il s'est donc créé, lui aussi, des droits à sa reconnaissance. Paris ne la lui a pas marchandée et ses représentants ont associé les deux frères dans un même hommage en décidant qu'une rue porterait leur nom et que leurs bustes seraient placés dans une salle de ce Petit-Palais dont ils ont fait, par le don des inestimables richesses de leurs collections, un vrai temple de l'Art.

APPENDICE

A PROPOS DU MIROIR D'ORIGNY

Je ne résiste pas au plaisir de livrer au public les jolis vers que me valut cette petite publication.
Les voici :

« Où se trouve attachée une chèvre, elle broute. »
Pour moi, je ne vois pas qu'à Villers on s'encroûte.
Merci pour le Miroir d'Origny ! — Nous l'avions
Toujours devant les yeux ! — ce que nous y voyions,
Ce n'est pas Origny, ce n'est pas Adelylde,
Ce n'est pas Hermantrude, Alix, ni Sénéchilde,
C'est Villers ! — C'est Villers et ses hôtes charmants,
Villers, tombe et berceau de tant d'heureux moments !

Reverrons-nous jamais Villers et ses ombrages,
Non plus dans un miroir aux décevants mirages,
Cristal du souvenir au reflet enchanté,
Mais dans l'éclat vivant de sa réalité ?

Ce délicat compliment, adressé surtout à celle qui fut l'âme de cette maison de Villers-le-Sec, alors pleine de vie et de gaîté, aujourd'hui dans le deuil, est d'un ami bienveillant, M. Alfred Billet, connu depuis longtemps dans le monde des lettres par différents volumes de vers justement remarqués, et le délicieux roman « Duchesse » où le talent de l'auteur s'élève à la hauteur de celui de Xavier de Maistre, en le dépassant quelquefois.

LES PEINTURES DE LA MAISON BRIET
A ORIGNY-SAINTE-BENOITE

De sérieuses présomptions nous permettent d'attribuer ces jolies peintures à un chanoine du chapître de Saint-Vaast, l'abbé Oudoux, connu par des travaux de ce genre et qui demeura dans cette maison, avant qu'elle ne fut occupée par l'abbé Hanquet.

« Nicolas Houdoux avait d'abord été chanoine à La Fère et chapelain de l'Église de Noyon.

« Il passait pour un artiste-graveur de talent. Le *Bulletin du Comité archéologique de Noyon*, tome 1er pages 135 et 136, a rendu compte d'une gravure allégorique qu'il avait faite à l'occasion d'une dangereuse maladie de Mgr de Broglie, évêque de Noyon.

« Nous avons vu un dessin de sa main, très habilement exécuté, reproduisant la façade des casernements de La Fère, et qu'il avait dédié à une abbesse d'Origny.

« Il est indubitable que Nicolas Houdoux a dû reproduire aussi la façade de l'abbaye royale d'Origny-Sainte-Benoite ; mais qui pourra nous dire ce qu'est devenu ce dessin ainsi que le portrait sur cuivre qu'il avait de Madame de Soubise, l'une des dernières abbesses d'Origny ? (1) »

L'abbé Oudoux est mort à La Fère le 7 janvier 1810.

(1) *Souvenirs de la Picardie*, par J. Poissonnier, *Noyon*, 1869.

La maison où il est décédé, était garnie de différentes peintures à l'huile dont il était l'auteur : dessus de portes, devants de cheminées. On y trouva également des silhouettes d'animaux, singes, chiens, etc., découpées dans du fer blanc, un joueur de clarinette ou de hautbois, découpé dans une épaisse planche de chêne et peint aussi à l'huile.

LES FAREINISTES

Les descendants d'Élie Bonjour

A l'exemple de son père, Elie Bonjour a laissé derrière lui une nombreuse lignée.

Il eut huit enfants : six garçons et deux filles. Deux de ses fils habitent encore Ribemont et continuent les traditions de bienfaisance et de charité qu'ils ont reçues de leur père.

Ils sont considérés, à juste titre, comme la providence des pauvres et l'on est sûr de les trouver partout où il y a une bonne action à faire, une douleur à soulager.

PORTRAIT DE MADAME DE VERRUE

Ce portrait, peint par Rigaud ou Largillière, appartient à M. le comte de Reiset et décore le grand salon de son château du Breuil, près Dreux. Il est dans un cadre de l'époque, en bois à fleurs sculptées, et mesure 75 centimètres de hauteur sur 62 centimètres de largeur. On voit à gauche de la toile, l'inscription suivante en lettres d'or : MAD. LA C. DE VERVE. La comtesse est représentée à l'âge de 25 ou 26 ans, les cheveux bouclés en pyramide, et porte une robe rose décolletée, brochée d'or, bordée d'une riche guipure retenue au corsage par une émeraude en forme de cabochon, avec trois perles. Un manteau de soie bleue, maintenu sur l'épaule par un rubis également en cabochon, lui couvre le bras gauche. De la main droite qui est petite, blanche et potelée, elle soutient ce manteau à la hauteur du sein et laisse voir un bras charmant qui sort d'une large manche de dentelles blanches. Cette belle peinture n'a subi arcune réparation et sa conservation est parfaite.

Un autre portrait de la comtesse de Verrue, peint en miniature, mais d'une authenticité douteuse, a fait partie de la collection du baron Jérôme Pichon.

NOTE SUR LE CONVENTIONNEL COURTOIS

Edme-Bonaventure Courtois, député de l'Aube, ami fervent de Danton, devenu plus tard celui de Robespierre, passé ensuite aux Thermidoriens, fut spécialement chargé d'inventorier les papiers découverts chez Robespierre et de faire un rapport sur leur contenu.

Personne ne soupçonnait alors qu'il eut profité de la mission dont il était chargé, pour faire main-basse sur des pièces importantes.

Des années s'écoulèrent; l'ex-conventionnel devint membre du Conseil des Anciens et quand le nom de Bonaparte commença à briller d'un vif éclat, il n'hésita pas à associer sa fortune à celle du général et à entrer dans la conspiration qui devait aboutir au Dix-huit Brumaire.

Eloigné pour cause de dilapidations, du tribunal où il n'avait fait que passer, sa carrière politique finie, Courtois quitta Paris et vint habiter le château de Rambluzin, avec ses cinq enfants, deux fils de sa première femme qu'il avait, dit-on, empoisonnée, un fils et deux filles de sa seconde femme.

Quand les Bourbons rentrèrent définitivement en France, après Waterloo, en juillet 1815, Courtois fut dénoncé et poursuivi comme la plupart des régicides qui avaient servi l'*usurpateur*.

Le 9 janvier 1816, son château était envahi par les gendarmes et les objets suivants, effets précieux ayant appartenu à la couronne ou aux princes de la maison de Bourbon, furent mis sous scellés :

1° Le testament de Marie-Antoinette, reine de France et de Navarre. Ce testament est rédigé sous forme de lettre, datée du 16 octobre 1793, à quatre heures et demie du matin, — quelques heures avant l'exécution de la reine, — et adressée à « sa sœur », Madame Elisabeth, sans doute. Des larmes, en certains endroits, ont brouillé l'écriture.

2° Autre lettre de Marie-Antoinette à Mme la duchesse d'Angoulême et qui se termine ainsi : « Envoyez-moi des bas de flanelle, une redingote de coton et un jupon de dessous et mon bas à tricoter. »

3° Lettre de Marie-Antoinette adressée au président de la Convention, pour demander trois jours de délai, afin de laisser le temps à ses défenseurs de s'instruire des pièces du procès.

4° Lettre d'un jeune avocat, Marie-Antoine Martin, qui demande à Fouquier-Tinville qu'on le propose à la reine pour son défenseur officieux.

5° Interrogatoire de la reine, après son retour de Varennes, par les trois commissaires de l'Assemblée Constituante, Tronchet, André, Adrien Duport.

6° Un gant de peau ayant appartenu au dauphin.

7° Un petit paquet de cheveux de la reine, de la grosseur du doigt ou à peu près, roulé dans le quart d'un journal du temps.

8° Un paquet de fil de tresse, filets, etc, ouvrages à l'aide desquels Marie-Antoinette cherchait à tromper les ennuis de sa captivité.

9° Un ruban rose ayant appartenu à Marie-Antoinette et qui avait servi à lier le dit paquet.

Courtois mourut en exil à Bruxelles, le 6 décembre 1816.

Sa bibliothèque fut dispersée en 1820, au vent des enchères ; mais les amateurs ne trouvèrent aucun de ces livres que l'on soupçonnait Courtois d'avoir soustraits; l'ancien député les avait trop soigneusement mis à l'abri.

C'est à son fils qui avait fait cadeau en 1847, au comte de Seraincourt de plusieurs livres reliés aux armes de la reine, que nous devons d'en avoir retrouvé quelques-uns et plus particulièrement ceux que nous avons signalés plus haut.

(Voir un article très intéressant du *Magasin pittoresque*, publié récemment sous la signature Ernest Beauguitte.

A PROPOS DES LIVRES DE MARIE-ANTOINETTE

« Il existait jadis, dans un coin de la bibliothèque du château de Burcq, non loin de Revel, nous écrit un lecteur, un très bel exemplaire des merveilleuses prédictions de Michel de Nostre-Dame (Nostradamus) annoté, d'après la tradition, par le comte de Cagliostro, lors du passage de l'aventurier italien à la cour de France.

« Ce livre avait été donné par la reine Marie-Antoinette à qui il aurait appartenu, au comte de Farguettes, enseigne aux gardes du corps de Louis XVI, seigneur du Burcq.

« Au bas de la dernière page du volume se lisait cette prière écrite de la main de la Reine martyre :

« *Il est dist en ce livre que un peu de temps après l'an 1790, tombera sur l'eschafaud la teste d'une jeune reyne de la France et que sera décapité également l'enfant Dauphin par ordre de son peuple. M. de Cagliostro me monstra mesme chose.* Ave Maria, *que la volonté du Seigneur soit faite !*

« Le château du Burcq n'appartient plus à ses anciens seigneurs ; en quelles mains peut être passé le livre annoté par l'auguste princesse ? »

LE GESNER DE LA COLLECTION BERALDI

Les reliures aux armes de la duchesse de Valentinois sont de la plus grande rareté et ne se rencontrent pour la plupart que dans les bibliothèques publiques. Nous ne connaissons guère, dans les collections particulières, que le Gringore (*Les folles Entreprises*) du duc d'Aumale, qui mérite d'être signalé (1).

Le volume de M. Béraldi (Gesnerus. *Conradi Gesneri medici tigurini Historiæ animalium*), se recommande tout particulièrement par sa somptueuse reliure couverte d'arabesques en mosaïque et sablée d'argent. Les plats sont entourés d'un encadrement où brillent sur un fond noir au milieu de volutes et d'arabesques d'un incomparable éclat, les emblêmes ordinaires de Diane de Poitiers.

Le dos qui mesure près de neuf centimètres d'épaisseur est d'une richesse extraordinaire et porte comme motif principal, un grand chiffre composé des lettres H. D. entrelacées, qu'accompagnent le triple croissant, les flèches et le carquois.

Les armes de la duchesse sont peintes, au milieu de chacun des plats, sur fond bleu.

Cet admirable volume figure dans le rarissime *Catalogue des livres provenant du château d'Anet* et mis en vente par L. Gandouin en 1724, à la suite du décès d'Anne de Bavière qui avait hérité du château d'Anet en 1718.

(1) *Les Femmes bibliophiles*, 1, 59-88.

LISTE DES INVITÉS DE COMPIÈGNE

Décembre 1863. — 4e série.

S. A. I. la Princesse Mathilde.
S. A. la Princesse Anna Murat.
S. E. le Maréchal Comte Vaillant.
Le Général Rollin.
Le Général Prince de la Moskowa.
Le Général Fleury.
Le Comte Bacciochi.
Le Colonel Marquis de Toulongeon.
Le Colonel Comte Lepic.
Le Colonel Favé.
Le Vicomte d'Arjuzon.
Le Marquis de Trévise.
Le Comte de Nieuwerkerke.
Le Baron Morio de l'Isle.
Le Commandant Baron Tascher de la Pagerie.
Le Capitaine Baron de Vatry.
Le Capitaine Rolin.
Le Capitaine Baron de Souancé.
Le Comte d'Ayguesvives.
M. de Grammont.
Le Marquis de Caux.
Le Baron de Laage.
Le Marquis de la Tour-Maubourg.
Le Baron Lambert.
Le Duc Tascher de la Pagerie.
Le Comte de Lezay-Marnésia.
Le Baron de Pierres.
La Marquise de La Tour-Maubourg.
Le Comte de Rayneval.
La Comtesse de Lourmel.

M. Bachon.
M. Monnier
Le Docteur de Larroque.
M. Mocquart.
M. Pietri.
Le Général Bougenel.
Madame Frédéric de Reiset.
Madame Dutour.
S. Exc. le Comte Cowley.
Lady Fœdora Wellesley.
S. Exc. le Baron de Budberg.
La Baronne de Budberg.
Le Chevalier Nigra.
Le Vicomte Royston.
Le Vicomte Grey de Wilton.
S. Exc. M. Fould.
S. Exc. le Duc de Morny.
La Duchesse de Morny.
S. Exc. le Maréchal Forey.
Le Duc de Laforce.
M. Frémy.
Le Baron James de Rothschild.
M. Quentin-Bauchart.
Madame Favé.
Madame de Grammont.
La Baronne de Vatry.
M. Emile de Girardin.
Madame Émile de Girardin.
Le Marquis de Lavalette.
La Marquise de Lavalette.
M. Octave Feuillet.
M. de Longpérier.
Le Baron de Heeckeren.
Melle de Heeckeren.
Mademoiselle de Heeckeren.
La Baronne de Souancé.

Le Prince de Bauffremont.
La Princesse de Bauffremont.
Le Prince de Caraman-Chimay.
La Princesse de Caraman-Chimay.
M. Raimbeaux.
Madame Raimbeaux.
M. P. Alvarez de Toledo.
M. A. Alvarez de Toledo.
M. Tomas Caro.
Le Marquis de Heredia.
Le Duc de Fernandina.
M. Saavedra.
Le Général Comte de La Rue.
M. Francis Wey.
M. de Sainte-Beuve.
La Duchesse Tascher de la Pagerie.
Mlle Tascher de la Pagerie.
M. Laity.
M. Ponsard.
La Duchesse d'Isly.
Madame Fleury.
M. Viollet Le Duc.
Le Comte Sormani.
Le Duc de Noja.
Le Baron Sina.
Le Commandant d'Ornant.

LETTRE DU BARON PICHON

A l'occasion de sa démission de Président de la Société des Bibliophiles françois.

Paris, quai d'Anjou 17, le 27 décembre 1893.

Mon cher confrère et ami,

«... Je vois par votre lettre que vous ne savez pas encore que j'ai donné ma démission de président et même de membre de la Société des Bibliophiles françois. Depuis la maladie qui m'a mis au bord de la tombe (et j'en suis resté près), ma santé exige que je vive dans une indépendance complète, et que je ne sois astreint à aucune obligation. Cette résolution absolument nécessaire m'a été sans doute pénible ; mais je vous avouerai qu'elle me l'a été moins qu'elle ne l'eût été il y a quelques années. Mes idées ne sont plus celles de la totalité des membres de la Société, et je suis convaincu que trois ou quatre collègues seront fort aises de mon départ. Comme un bon chrétien que je tâche d'être, je suis bien aise, aussi, de faire plaisir à mon prochain.

« .... Quoique nous ne soyons plus collègues, je serai toujours, je pense, votre bon confrère et ami, car nous avons tous les deux l'amour et le culte des beaux et bons vieux livres français qui, pour nous, constituent seuls une bibliothèque vraiment digne de ce nom.

« Adieu, cher confrère et ami, conservez-moi une place dans votre souvenir et dans votre amitié, et croyez à mon sincère attachement. »

Bn J. PICHON.

EUGÈNE DUTUIT RAPIN CHEZ COUTURE

Une page des *Souvenirs* de Thomas Couture nous apprend comment l'amateur rouennais se présenta chez le grand artiste.

C'était en 1842, Couture qui n'était pas encore arrivé à la grande réputation et à la fortune, travaillait un matin dans son modeste atelier du passage du Bois-de-Boulogne, quand il entendit frapper à sa porte et vit apparaître un personnage singulier : il était vêtu d'habits propres, mal faits, et qui semblaient être le chef-d'œuvre d'une portière inexpérimentée ; il avait de fortes chaussures, et son pantalon *qui finissait trop tôt*, laissait voir des bas d'un bleu passé. Il portait sous le bras un de ces forts parapluies campagnards recouvert aussi d'une toile bleue ; son chapeau à la main, il restait comme fixé dans le cadre formé par la porte ouverte et semblait ne pas oser entrer. « Son air paraissait si étrange que je le considérai quelques instants, dit Couture. Son visage était pâle et trouble, sa tête couverte de cheveux pauvres. Il avait des lèvres épaisses, la bouche grande, des yeux petits et quêteurs ; je remarquai encore du sacristain dans sa personne et du mendiant dans son type. »

Le nouveau venu demande à devenir son élève. Couture refuse assez brutalement. Puis le voyant tout contrit, essuyant son chapeau avec le parement de sa redingote brune, il lui propose d'être son rapin. « Habituellement, écrit le maître, nous prenons des bambins pour cet office ; on peut exiger d'un enfant des services qu'on n'oserait demander à un homme ; mais celui dont je parle était si humble qu'on pouvait tout lui demander. »

Une fois installé, le nouveau rapin fait son service avec zèle et respect. Les leçons s'ensuivent. Au bout de quelques jours il demande à Couture d'accepter « pour ses précieux conseils », 75 francs par mois. Couture se récrie, ne veut rien, puis consent. Au bout d'un certain temps, pris de pitié pour l'honorable indigence de son élève, il déclare ne vouloir plus rien recevoir. Mais alors il trouve, en cherchant ce qui lui était nécessaire, des petits paquets qui contenaient invariablement cette fameuse somme, et il avoue que c'était avec plaisir, car il ne roulait pas sur l'or...

Le rapin, de temps en temps, décidait Couture à passer la soirée avec lui, l'entraînait chez des restaurateurs « où ils étaient servis de la façon la plus confortable ». Quand il le reprochait au rapin, celui-ci répondait qu'il connaissait le maître de la maison et qu'il lui avait rendu service. Même explication pour les « loges à salon » où ils allaient entendre la meilleure musique.

« Il n'était pas sans intelligence, ne négligeait jamais son service, écrit encore le peintre des *Romains de la décadence ;* évidemment, ce n'était pas un homme spirituel, mais, étant naïf, il disait souvent des choses intéressantes, et puis cette pauvre nature déshéritée n'avait pas d'âge ; il paraissait avoir de 28 à 60 ans, chétif, voûté comme un nain, il m'intéressait ; je l'aimais... »

Dix-huit mois se passent, l'élève est devenu un ami. Un jour, l'ex-rapin arrive, la figure bouleversée, et annonce à Couture qu'il est obligé de partir le soir même. Le maître le reconduit jusqu'à la diligence, où il le voit disparaître dans la rotonde, au milieu de nourrices et d'enfants qui criaient...

Le lendemain, un modèle de femme apprend à Couture que son élève est millionnaire et qu'il est parti à la poursuite d'un individu qui lui emporte quinze cent mille francs !...

Longtemps après, Couture passant par Rouen, se renseigne pour savoir si on n'y connaît pas un nommé Dutuit qui lui a parlé de cette ville. On lui indique un superbe hôtel. Il croit à une synonymie, sonne à tout hasard... et y trouve son ancien élève qui se jette dans ses bras et lui montre de merveilleux chefs-d'œuvre qu'ils ont admirés, pour la plupart, ensemble dans des ventes :

« Vous êtes donc riche ? s'écrie le peintre ahuri.

— Oui.

— Vous ne le disiez pas ?

— Je voulais avoir des conseils sincères. »

Ils causent. Couture lui raconte qu'il ne réussit pas, qu'il expose au Salon, mais qu'on lui a donné des places si mauvaises qu'il est noyé et perdu dans le tas.

L'ex-rapin, sur-le-champ, l'emmène à Paris, le conduit au Louvre où il graisse la patte aux garçons qu'il connaît tous.

Huit jours après, le Salon s'ouvre : Couture a une place superbe et son premier grand succès.

L'ex-rapin jouit de son bonheur et disparaît... Ils ne se revirent jamais.

« J'ai toujours pensé, dit Couture, que cet homme singulier avait joué, à mon profit, le rôle de Providence et que, me trouvant suffisamment lesté, il m'avait quitté pour accomplir d'autres bienfaits en ce monde. »

L'escalier du château des Moulineaux, près Rouen, longtemps habité par les frères Dutuit, a été décoré, par le rapin improvisé de Thomas Couture, de peintures murales représentant des scènes de la comédie italienne.

Sans être des chefs-d'œuvre, — loin de là, — ces fresques accusent dans leur ensemble et surtout dans le groupement des personnages, un certain sentiment de l'art.

TABLE

ERRATA

Page 14, ligne 6. — Au lieu de : Du Mesnu, *lisez :* Du Mesnil.

Page 16, ligne 26. — Au lieu de : Là cit sa mère, *lisez :* Là vit sa mère.

Page 154, ligne 22. — Au lieu de : Élie de Fresnoy,
lisez : Élie du Fresnoy.

Page 208, ligne 28. — Au lieu de : Societatis Jesus,
lisez : Societatis Jesu.

VENDÔME. — IMP. F. EMPAYTAZ

VENDÔME. — IMP. F. EMPAYTAZ

www.ingramcontent.com/pod-product-compliance
Ingram Content Group UK Ltd.
Pitfield, Milton Keynes, MK11 3LW, UK
UKHW022054260726
13993UKWH00001B/112